1日30分でも
自分を変える“行動読書”

ACTION READING《アクション リーディング》

赤羽雄二

はじめに

「本を読む時間がない」
「買っても、読み切れないままの本が、結構ある」

私も本を読むのが好きなので、つい買ってしまい、でも時間がないので、結局、積《つん》読《どく》にしてしまうということがよくあります。

そういう私が本書で提案したいのは、**「受け身」から「攻め」の読書スタイルに変える**、ということです。

本書を執筆するにあたって、周りの「できる人」を見て気づくのは、
- 忙しくても本を読んでいる
- しかも、それを自分の仕事や生活に活かしている（行動に移している）

ということです。

彼らは、ただ漠然と本を読むのではなく、「その1冊」を読むべき理由を持っています。だからこそ、速く読めて吸収もできるし、そのための時間を作ります。そして、読み終えたら、すぐそれを行動に活かせるのです。

では、「受け身」の人はどうでしょう。

たとえば、「時間がなくて読めない」というのは、時間に対して受け身になっている証拠です。その本があなたに必要なものであれば、優先順位を上げて読む時間を作るべきです。

「本」自体に対して「受け身」である人も多いと感じます。

「本はいいものだから、何冊でも読んでいい」と、ダラダラと読んでしまう人。

ベストセラーばかり読む人。

本を読んで「へえ」で終わってしまう人。

受け身でいては、読書がなかなか自分のものになりません。一度読書が役に立たないと思えば、また本を読むことから遠ざかるという、負のスパイラルに陥ってしまいます。

「できる人」は、本に対して積極的です。**「攻め」の読書スタイル**です。時間がないなかでも、自らが必要なものを選び、時間を無駄にせず読み、読んだ内容を自分のものにしていきます。

私自身、睡眠時間を削って仕事をしていたマッキンゼー時代も、月に10冊以上は必ず読んでいました。本を読むこと自体が仕事になる部分も大きかったのですが、そのなかでも試行錯誤しながら、限られた時間で最大の効果を上げる「自分なりの読書のルール」というものができてきた気がします。

特に最近感じるのは、本当に差がつくのは、本をいかに自分の仕事や成長に活かしているか、ということです。**一定水準までは本を読むべきだと思いますが、それを超えた後は、本を読むことを制限して、むしろ「行動」につなげる**ことが大事だと思います。

きちんと「行動」にまでつなげる読書ができるようになれば、たとえ1週間・1か月に1冊だとしても、そのほうが価値は高いでしょう。

本書ではそんなことも含めながら、本の「使い方」を紹介していきたいと思います。

数日で15冊ほどの本を読んだマッキンゼー時代

ここで自己紹介として、私の「読書」歴についてまとめておきましょう。

小学2年生の頃から講談社の少年少女文学全集とシートン動物記、ドリトル先生シリーズを読み、ジュール・ヴェルヌなどのSF小説、『ロビンソン漂流記』『ガリバー旅行記』などの冒険小説を読み続けていました。

中学、高校では、『嵐が丘』『ジェーン・エア』といった有名な恋愛小説や世界文学全集にある小説をほとんど読んだと思います。

一浪して入った東大でも、勉強以上に、本を読み続けました。『坂の上の雲』『三国志』『罪と罰』など無数に続きます。

ここまでで1800冊程度は読んでいたと思います。

その後、最初に入社したコマツ（小松製作所）では、大前研一さんなどのビジネス書が増えました。『人を動かす』『道は開ける』（ともに創元社）なども重要な指針になりました。

スタンフォード大学留学後にマッキンゼーに転職しましたが、経営コンサルタントの仕事を成り立たせるには、膨大な量の本を読む必要がありました。

そのため、このとき以降、読書は仕事の一部になりました。

経営コンサルタントになると、色々な業種のクライアントの経営課題に取り組まなければなりません。自動車や機械メーカーもあれば、食品メーカー、通信インフラ系、金融機関など多岐にわたります。課題も、ビジョン・戦略立案から組織改革、人事制度刷新、役員育成、マーケティングや新事業立ち上げ支援などがあります。

新しい分野を担当するたびに書店に行って15冊ほど買い込み、数日で読むのが習慣になりました。新たなクライアントとの仕事で結果を出すためには、短期間に基本知識を全部身につけておく必要があるからです。

たとえば石油業界の会社がクライアントなら、すぐ書店に駆け込み、その棚にある本を全部引っ張り出して購入して、関連分野の本を片っ端から読破していく感じです。

会社にもライブラリーはあるのですが、情報が古くなっている可能性もありますので、必ず書店で新しい本を買っていました。

これを聞いて、数日で十数冊も読めない、と思う方がいるかもしれません。でも読む前に、ある程度のねらいは頭に入っています。そこで、本を読みながら、関係しそうなページに片っ端から付箋を貼っていきます。そして、プロジェクトを進める上で、ときどき参照していました。ねらいを持って読んでいくと、頭の中も整理され、クライアントの前でも、十分にその業界について話ができるようになるのです。

なお、**新しい仕事・分野に取り組む場合、また、営業やコンサル的な仕事をされている方は顧客が決まったところで、すぐ10〜15冊**ほど、その相手の業種や仕事に関連する本を読んでおくのはお勧めです。

「そんなに読めない」と思うかもしれませんが、ざっと見て、「これは大事かな」と思うところに付箋を立てておくだけでも、その後は大分違ってくると思います。

一度読んで頭に入れたら、その後は、机の上に積んでおきます。プロジェクトの途中で参照したり、資料として取り入れたくなることもあるからです。

もう一つ、私は、MS（機械工学修士）でマッキンゼーのコンサルタントになったので、経営に関する知識は不足していました。そこで、ここでも業務に関する本を次々に読んでいきました。戦略とは、組織とは、マーケティングとは、ファイナンスとは、システムとは、人事とは、知財とは、というような感じで、少しでも関連がありそうなものは全部読んでいったといっても過言ではありません。

そうしたなかでも、世の中で有名なビジネス書も、仕事がら、大半を読破しました。ドラッカーの多数の名著や、一世を風靡したトム・ピーターズとロバート・ウォーターマンの『エクセレント・カンパニー』（英治出版）など。

忙しいなかで、なぜ自分がこれだけの本を読み、身につけていったのか、こちらも、本書のなかで紹介していけたらと思っています。

「行動するための読書」を習慣化しよう

結局、「時間がないから読めない」「読んでも役に立てられない」という方に言えるのは、「読み方」「身につけ方」を知らないだけなのです。

大事なのは、「読んだこと」を、仕事や生活など、今後の自分に活かすことだと思います。**手にした1冊を自分を変えるきっかけにできれば、100冊読んで何も変わらない人より、早くよい結果を出せるのは、言うまでもない**でしょう。これは、本ばかり読んでいた若い頃の自分自身にも伝えたいことです。

本書では、そのための仕組みも皆さんに提供しようと思っています。

「情報をとり、すぐ動く」ことが、急務である

14年いたマッキンゼーを2000年に卒業する頃からインターネットでの情報収集が主体となり、その後10年ほどはインターネットに重点がシフトしました。技術や企業・産業のニュースを追うことが中心になり、ゆっくり本を読んでいる場合ではない、という状況を感じていたのですが、最近は改めて読書に力を入れ始めています。

なぜなら、インターネットでは

- **体系立てられた知識にならない**
- **物事の本質に迫るような深い知識は、得られない**

からです。

ネットの情報は、新しい情報を追うには適していますが、その多くは、短い時間と浅い知識で書かれたものが大半です。それをどれだけ読んでいても、自分の見識はあまり深くならないと思います。

であれば、ネットと書籍を両方使いながら、自分の考えを深め、自分の意見を持てるようにする、というほうが、よっぽど自分の身になります。

知識を深め、自分で考えられるようになることは、今の日本にとっては急務です。

次ページの図1をご覧ください。

日米製造（ＩＴ関連）大企業の競争力の変化を表わすものです。これを見ると、１９５０年以降、日本はアメリカとのギャップを縮め、１９８０年代にはアメリカを越す勢いでしたが、１９９０年以降は広がる一方です。

さらに、ＡＩ、ロボット、ビッグデータなどの分野においても、日本は後れをとっています。２０００年以降、ＩＴの活用により急成長するアメリカに大きく差をつけられています。

図1　日米製造（IT関連）大企業の競争力変化

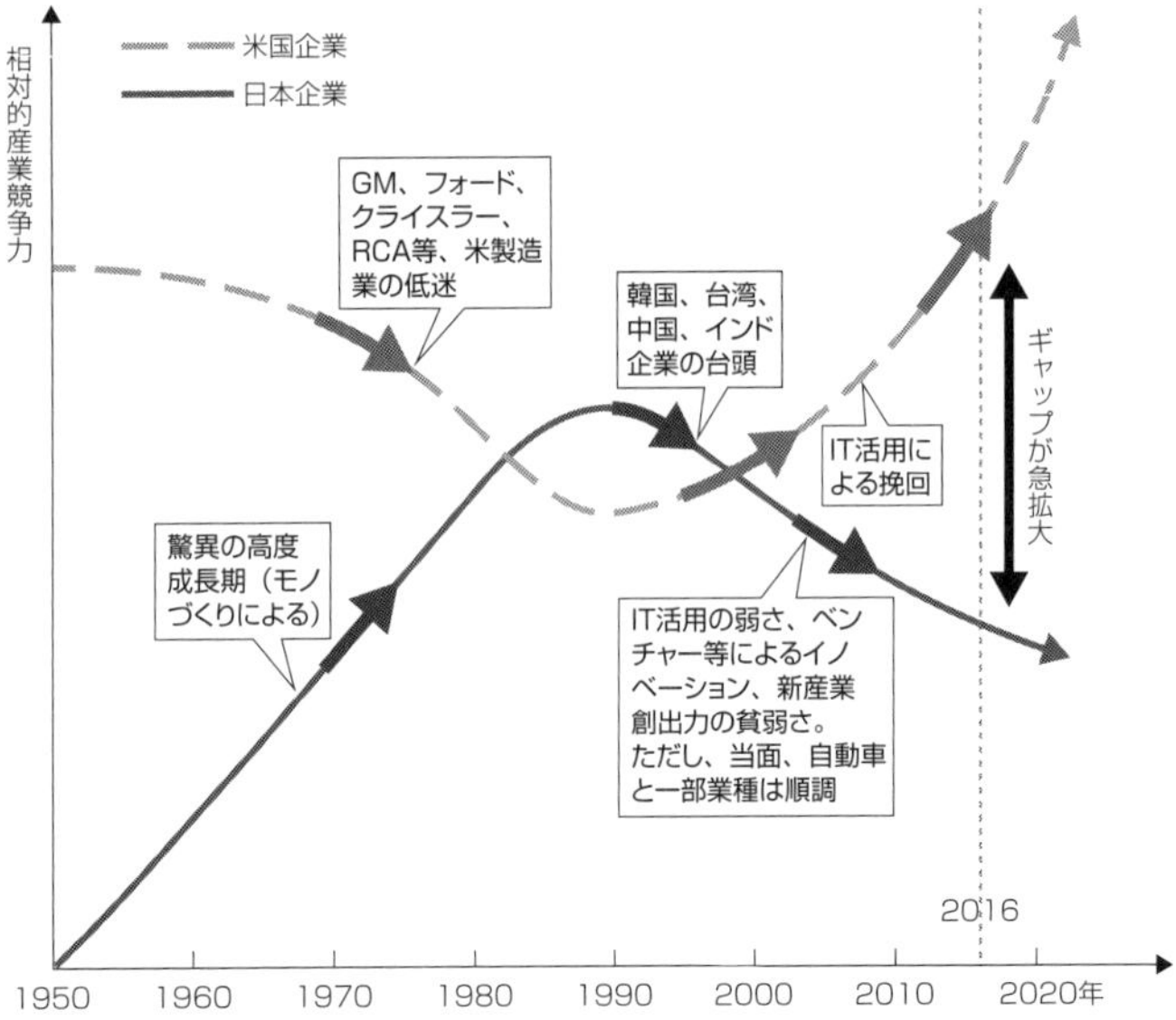

これらの10の分野で数百兆円に及ぶ産業創造が生まれている

1. ウェアラブル
2. IoT（モノのインターネット化）
3. デジタルヘルス
4. コネクテッドカー、自動運転車
5. 人工知能、ロボティクス
6. ビッグデータ
7. 3Dプリンティング、メーカーズ革命
8. クラウドファンディング
9. 共有経済、共有サービス
10. セキュリティ、プライバシー

※特徴は、「IT」×「データ」×「プラットフォーム」×「ネットワーク化されたハードウェア」のイノベーション

日本の活力を再び上げるためには、危機感を持った人が、ネットや本から情報を上手にとり、行動に移していくことが何より大事だと感じています。

もちろん、競争が激しくなるなかで、自分の力をつけていくためにも、読書・情報をもとに、自分を成長させていくことが必要でしょう。

本書で紹介する「読書」を習慣化し、ぜひご自身の成長に役立てていただけましたら幸いです。

2016年5月

赤羽　雄二

※読書を行動に変える仕組みとして、本書と連動するFacebookグループ「アクションリーディング　行動するための読書」を立ち上げています。そこでは、皆さんの「読書体験」を共有したり、読書をもとにどう行動するかやりとりができればと思います。もちろん、質問も大歓迎です。ぜひご登録ください

序章　「読みたくても本が読めない」5つの理由

第1章

なぜ、できる人は忙しくても本を読むのか

——本で差がつくこと

読書のメリット①　ＭＢＡがなくても、マッキンゼーのコンサルタントとして活躍できたのは、「本」があったから

読書のメリット②　視野が広がり、活躍・昇進できる

読書のメリット③　自分の「伸びしろ」を増やせる

読書のメリット④　リーダーとしての素質を作れる

読書のメリット⑤　自分で「考える」力がつく

読書のメリット⑥　時代に先んじた手が打てるようになる

読書のメリット⑦　やる気が出る

第2章

できる人は忙しくても、なぜ、本が読めるのか
——マッキンゼー時代に身につけた「読書時間捻出術」

第3章

短い時間で、読んだ内容を身につける「集中読書術」

第5章

ムダな本で時間を費やさないために

読むべき本が自然に寄ってくる「情報感度」の高め方

序　章

「読みたくても本が読めない」5つの理由

本が読めない理由①

忙しくて本が読めない

私たちにとって一番の悩みは、何といっても「忙しくて本が読めない」ことだと思います。

本を読んでスキルアップをしたい、自分を高めたい、と本を買うものの、仕事やインターネットやら色々なことに時間をとられてしまい、結局読めないまま、積読を増やしてしまう方も多いと思います。

私はもともと読書が趣味でしたので、目の前の仕事に追われて読みたい本を読めないのは、結構なストレスになります。

読みたい本は常に机の上に数十センチ積んであります。

こういう状況で何とか時間を切りつめて本を読もうとしても、どうしても仕事を優先せざるを得ません。無理して読んでも、私の場合、10分もしないうちに翌日までに作成しなければならない報告資料が気になります。作成に何日もかかる書類を抱えている場合は、余計にゆっくり本を読もうという心の余裕を持ちにくくなります。

本が今の大変さを解決するヒントを与えてくれるかも知れないのに、あるいは、本がストレス解消になるのに、忙しくて本が読めない。でも気になる本があるので、だんだん積んである本が高くなっていく——。

私たちを助けてくれるはずの本の存在が、いつの間にかストレスになります。

忙しくても毎日少しずつ本を読めるような工夫があればいいのですが、なかなかそれもなく、積み上がる本を眺めつつ、仕事をしている、という方は多いのではないでしょうか？

これを解消するためには、まず**「本を読む」優先順位を上げる**ことです。

54ページで紹介しますが、私はこれで、忙しいコンサルタントの仕事をしながらも、本を読む時間を確保できたのです。

本が読めない
理由②

何を読んだらいいかわからない

「どの本を読むべきか」。

これも読書における難問の一つです。

書店に行くと、仕事の本一つとっても、ストレートに自分の仕事に直結する本を読むべきなのか、その周辺のほうがいいのか、その周辺だとするとどういう方面だとより仕事に役立つのか、またベストセラーが話題になっているけれど、自分も読んでおかないといけないのではないだろうか、でも、ベストセラーって結構当たりはずれがあるからなあ……。こういうことが頭のなかでぐるぐる回ります。

以前の私も、書店で見つけて読みたくなり、どうしようか迷ったものの誘惑に負けて買ってしまった後で、家に帰って見ると、なぜか色あせて見えた、という経験をしょっちゅうしていました。

そういう本は、余計に積読の対象になってしまいます。

表紙や目次、前書きにつられて買ってしまうわけですが、結局は、そもそも「何を読んだらいいのか」「何冊もあるなかでこの本でいいのか」がよくわからないので、つい買い溜めしてしまうのが原因かと思います。

衝動買いしてもほとんどはずれるのですが、たまに大当たりもあるから必ずしも否定できない、という点がむずかしいところでしょう。

この解決策は、**「自分に必要な本」の感度を上げておく**こと。すると、自然と必要な本が目に入ってきます。その方法は第5章で紹介します。

本が読めない
理由③

読みかけの本が溜まる・積読が増える

本を読むのが好きだとか、本を読むのはいいことだと思っている人は、「これも読みたい」「あれも読みたい」と、どんどん本を買ったり借りたりしてしまいがちです。忙しい人ほどそういう気持ちが強くなるかも知れません。

でも、これが「積読」を増やす原因です。

書店で買ったり図書館で借りたりして家に帰ると、家にまだ読みかけの本があるにもかかわらず、やっぱり新しい本をすぐ読み始めてしまいます。この瞬間が一番楽しいので、読みかけの本があってもなかなかやめられません。しかし、新しい本も途中で時間切れになると、そこでストップ。

こうして、読みかけの本がどんどん増えていくわけです。

その結果、読みかけの本が溜まる、というストレスにもなります。

第3章でお話ししますが、**「1冊きっちり読み終えて初めて次の本を手にとる」**ほうが、本に集中して取り組めると思います。

本が読めない理由④

忙しいのに本を読んでいていいのか気になる

忙しいのにまず本を読んでしまい、しかもそれを気にしてしまう。こういう人は忙しい人のなかにも相当数いらっしゃるのではないかと思います。

忙しいとき、本をゆっくり読んではいけないときには、余計に本が読みたくなります。締め切り前に急に本が読みたくなったり、学生ならテストの前日になぜか片づけがしたくなる、そんな心理です。私に関して言えば、この悪い癖は中学生の頃からほとんど変わっていません。今では本を読むのに加えてメールチェックが横道にそれる理由になっています。

「仕事の締め切りがあるのに、今、本を読んでいていいのか。早くこれをやめて仕事を始めなければ」といつも気になっているのです。「読まなければいいのに」と思いますよね。でも、それができれば苦労しません。

しかし、これは**その読書が「受け身」である証拠**です。「攻め」の読書であれば、忙しくても必要なのですから、必ず時間をとって、読むようになります。

なお、忙しいと、本を読むだけではなく、机や本棚を片づけたり、あるいはスケジュールを調整したりと始まってしまいます。私も以前は、この小説はこの小説の隣がいいとか、文庫はやっぱり分けて文庫だけで並べるほうがいいとか、頻繁に本棚の並べ替えをしていました。

これについては、第3章で紹介します。

本が読めない理由⑤

昔ほど集中して読めない

本を読むときの悩みとしてよく感じることに、昔ほど集中して読めない、というものがあります。学生時代にひたすら本を読んでいたときは、間違いなく我を忘れて読んでいました。ドキドキワクワクして、あまり時間を気にせず読んでいたと思います。忙しいという問題もありますが、それを差し引いても、絶対、以前のほうが集中して読めていた、と思いませんか。

読みたい本は色々あるのに、仕事が気になってなかなか読めないし、やっと読んでも昔ほど集中できない。

原因の一つは情報端末だと思います。

スマートフォンは便利ですが、LINE、Facebook、Twitter、YouTube、Instagram、メールなどが常に割り込んできます。特にLINEは、スタンプを送るだけでもいいので非常に多くのやりとりが発生し、確実に集中力を奪います。

私も含めて、「常時つながっていたい症候群」の人がものすごく増えているため、集中しづらい状況がごく普通になってきています。

単純ですが、まずは情報端末を切ること。第3章で**「集中読書」**のやり方を紹介しますので、読んでみてください。

忙しい人のための「攻めの読書」

世の中を見ていると、一流と呼ばれる人のなかには本を大切にする方が少なくありません。

しかも、そういう人のなかには、かなり多忙の方も多いはずです。

あんなに忙しくしているのに、いつ本を読んでいるんだろう、と疑問に感じる方も多いことでしょう。

そういう「忙しくて読めない」人たちは、一体どうしているのでしょうか。

そして忙しい私たちはどうやって読書の時間を確保すべきなのでしょうか。どうすれば生産的に読めるのでしょうか。

本のよさを再認識するなかで、忙しい人でも読み方を工夫し、読書への時間のかけ方を見直し、読書をうまく仕事やプライベートの充実につなげれば、もっと成長し、もっと大きな成果を出すことができるのではないかと考えるようになりました。時間つぶしの読書、仕事の邪魔をする読書ではなく、仕事やプライベートの充実に直接つながる**「攻めの読書」**ができるのでは、という考えです。

そのためには、次の三つのことを考えてみる必要がありそうです。

- 読み方にどういう工夫をすべきか。どんな工夫をすれば、忙しい人が「なるほど、これはいい」と思えるようになるのか。
- 読書への時間のかけ方、確保の仕方をどう変えていくべきか。携帯電話やインターネットに負けず、どうやったら時間をうまく配分し、効果的な読書ができるか。
- 本をただ読むだけではなく、その結果を仕事やプライベートの充実につなげるにはどうすべきか。

本書では、その方法を、自分自身の状況と対応も含め、読者の皆さんと一緒に考えていければと思います。

キーワードは「受け身の読書」ではなく、「攻めの読書」です。「忙しくて本が読めない」と感じている皆さんが、どうやって自分の目的達成のために読書を活かすか。そのために、本書が役立てば幸いです。

第1章

なぜ、できる人は忙しくても本を読むのか

本で差がつくこと

読書の
メリット①

MBAがなくても、マッキンゼーのコンサルタントとして活躍できたのは、「本」があったから

忙しくても結果を出す人が、なぜ本を読むのか。
それは、それだけの価値が「本」には必ずあると感じているからです。
この章では、読書のメリットと称して、いくつか挙げてみたいと思います。

読書のメリットは、何といっても知識がどんどん増えることです。自分の知らない世界を知り、国内外で今何が起きているかを知り、歴史や地理、科学を知り、優れた経営者や企業のユニークな経営のあり方を知ることができます。
もちろん、人の話を聞いたりテレビで見たりもできますが、本ならではの深さ、広がりは何事にも代えがたいものだと思います。世界が1冊の本に詰まっていると言えます。

仕事上学ばなければならない、マーケティングやマネジメントなどの新たなスキル、産業動向、顧客・市場の状況、競合企業の状況、知っておくべき新技術・新素材なども本から学ぶことができます。

ＭＳ（機械工学修士）を取得してマッキンゼーに入った私自身も、経営について学んだのは、実は本なのです。

アサインされた仕事に必要だと思われる本を片っ端から読んで、必要と思われるところにどんどん付箋をつけ、現場で該当する場面に出会ったら、そこを確認するといった具合です。

こうして本と現場で知識を往復させ、より「使える」知識として身につけていきました。そして14年間、実績を出し続けることができたのです。

できる人ほど、仕事がどんどん広がり、難易度も増していきます。常に自分の知らないこと、もしかすると苦手なことに取り組んでいくことになります。そのとき、相談相手がいればいいですが、いない場合も多いですし、何から何まで聞くこともできません。

そんな時、本が頼りになります。

業務自体が忙しいなかで、学校に行ったり、人の時間をとることなく、まだ誰に遠慮することなく、一人でこういった知識を増やすことができるのは本当に素晴らしいことです。

人に聞くにしても、**本からできるだけ学んで**おけば、大切な相談相手にはここぞという質問をぶつけることができます。一方的に教えを請うことも当然できなくはありませんが、やはりこちらが勉強している、努力していることが伝わると、より熱心に教えていただけるものです。

初対面の人との話を膨らませられる

また、相手との面会をより充実したものにするために、関連の本を事前に読んでおくとはるかに話を理解しやすくなります。よりよい質問、より深い質問をすることで、話は何倍も弾みます。

もし、その人が書いた本があれば、それを読んでから話を聞くほうが、相手も気分がよくなり、断然いい話を引き出せます。人間関係もよくなり、自分の知識も膨らむので、本1冊読んだメリットは確実に出ます。

読書の
メリット②

視野が広がり活躍・昇進できる

読書によって視野が大きく広がります。よく言われることではありますが、その本当の意味を理解している人は多くないように思います。

本を読めば、知識を詰め込むだけではなく、それを幅広い方向から見て、吟味して、理解することができます。これができると、全体観を持ってバランスよく物事を見ることができます。

言うのは簡単ですが、これができない人が非常に多いのが実情です。同じものを見ても、視野の狭い人と広い人では、仕事においても、何かの情報にふれたときにも、**問題点の把握の仕方**や解決策のオプションの種類などが決定的に違ってきます。

たとえば、視野が広い人であれば、アマゾンのクラウドや人工知能への取り組み、また倉庫内のロボット活用についての記事を読んで、ジェフ・ベゾスの野望がどれほど徹底しているのか、想像することができます。アマゾンと言えば、本のネット販売が有名ですが、とっくにそれをはるかに超えた産業全体のインフラ構築をねらっており、目的達成のために着々と手を打っていることがわかります。

一方、視野が狭ければ、全体像を考えることなどできず、「アマゾンは色々なことをやっているんだなあ。本以外の事業をやってどうするんだろう。調子に乗って手を広げようとしているのかな」と、点でしかものを見られなくなります。本のネット販売、クラウド、人工知能、ロボットが、特に何か関連性や大きな意味合いを持っているようには見えないわけです。

物事の捉え方が違えば、起こっていることの本質的な意味を把握できないので、その後の打つ手も変わってきます。

会社の仕事についても同様です。

私が見ているなかでも、視野が広い人であれば、社長方針あるいは部門長方針を聞いて、自分の仕事を全社最適の観点から考え、行動を起こすことができます。**二歩も**

三歩も先を見て、最も効果的な手を打つことができるのです。

一方、視野が狭い人は、目先のことしか考えません。上司がどれほど目線の高い話をしても、自分が理解できる範囲でしかものを見ようとせず、考えようとしません。要は他とのつながりのない「点」でしかものを見ていないので、一貫性を持った施策や行動につなげることができないのです。すると、やることが行き当たりばったりになり、環境が変わったらおろおろするだけになるでしょう。また、そういう人は、他部門との連携はできるだけしないようになります。調整しづらくて面倒だからです。

結果、**ビジネスパーソンの昇進や活躍度合いに対して、視野の広さが大きな影響を与えます**。忙しくても本を読み、視野を広く持つ人が「できる人」になっていくわけです。

読書のメリット③

自分の「伸びしろ」を増やせる

素晴らしい洞察を持った著者の本を読むと、深い知恵にふれて賢くなった、いいことを知ったという以上に、**「自分は本当にまだまだだな」**と痛感できます。自分の身のほどを思い知らされます。それが成長の糧になります。

ある程度以上の成功をおさめると、人は、どんなに気をつけていても、自分の力を過信しがちです。周囲の人や取引先などに持ち上げられることが増え、本当は自分自身の力ではなく、会社やポジションによって影響力が上がっていることについても、自分の力だと勘違いしてしまうからです。

どんなに気をつけていても、毎日毎日、人から立ててもらい、意見を言えばそれが通り、色々な人から意見・インプットを求められていると、少しずつ尊大になっていきます。取引先の売上をかなり左右する立場になると、自然に態度が大きくなります。

本で深い知恵にふれると、そういう自分が単に思い上がっていただけだということを嫌というほど思い知らせてくれます。特に30代後半から40代になってかなり「できる人」になってしまうと、あまり人が注意してくれなくなるので、こういう気づきは大切です（実は、注意してくれていても気づかないだけだったりするので、本人の心がけ次第ではあるのですが）。

人は何歳になっても成長します。「できる人」になったら「もっとできる人」になればいいだけです。上には上がいくらでもいるので、本を読んで深い知恵にふれ続けるのは、大切なことです。

自分はもう40歳だから、50代後半だからこれ以上成長しない、頭も働かなくなった、という人がよくいますが、これはただの逃げではないでしょうか。逃げてもいいことは何もないので、ぜひ深い知恵にふれて元気を出してくださいね。

読書のメリット④

リーダーとしての素質を作れる

他人の気持ち、痛みがよくわかることは、人として非常に大切です。そういう人は仕事もできます。リーダーシップも発揮できます。組織やコミュニティで多くの人に尊敬されます。コミュニケーション力も高いので、よく相談されます。

後ほど詳しくご紹介しますが、私は仕事においても読書においても「心のひだ」を大切にしています。その理由は、まさにこの点です。

他人の気持ち、痛みがわかる人は、一方的に決めつけることができませんので、現場や相手の状況をまずよく理解しようとします。

そうすると、なぜできないのか、どこが非常にまずいのか、どこに解決の糸口があるのかがすぐに見えてきます。部下や当事者も理解してもらえることがわかるので、怖がらずに率直な話をしてくれます。「心のひだ」があれば微妙なニュアンスも一度聞けば理解できますし、容易に想像もできます。ということで、仕事もプライベートも、余計なストレスなく、ありのままの姿を把握し、それに基づいて、ベストなやり方で進めていくことができるのです。

ただ、残念ながら、そういう人はどちらかというと少数です。多くの方は、自分の痛みはよくわかっても、人の痛みまでなかなか思いをはせられない方も少なくないのではないでしょうか。

人の気持ち、痛みがわからない人は、仕事上何かと問題を起こします。

ひどい人は、それについて上司や周囲の人に注意されても、「何を言っているんだ。そんな弱気なことを言っているからうまくいかないんだ」くらいに思い、攻撃的になります。しかも殻に閉じこもっているので、周囲は手をこまねく状況になります。

組織がそれなりに健全で自浄作用が働いている場合、こういう人は遅かれ早かれ馬脚を現わし、閑職に追いやられていきます。あるいは元のポジションからあまり昇進せず、塩漬け人事になってしまいます。

人の気持ちを学ぶのも読書が適しています。

どんな著者でも、その人なりの考えがあります。そこに至った理由もあります。それを踏まえて読んでいくと、他人の心の流れにふれることができるように感じます。

特にわかりやすいのは、**小説や伝記、心理に関係するような本**でしょう。

たとえば、『間違いだらけの婚活にサヨナラ！』（仁科友里　主婦と生活社）という本があります。本書の主旨としては、どうして婚活がうまくいかないのかと悩む女性に、何が間違っているのかを解説する本ですが、タイトルの軽さに比して、男性の心理について、深く言及されています。心理的な面から、何がよくないのかがわかるので、相手を理解するのに役立ちます。

婚活だけでなく、会社の組織や人間関係について「心理学」から解説する本は多いです。そうした読書を続けていくと、何かのきっかけから、だんだんと苦手であった人の気持ちへの理解が深まり、相手の気持ちが想像できるようになっていきます。

また、小説であれば、自分が部下である場合、上司目線の人が主人公の小説を読むと、上司の立場がよくわかるとか、世代の離れた人が書いた本を読むと、その世代の考えがわかることもあります。

「読書は情操教育になる」とよく言われるのはまさにこの点でしょう。

人の気持ち、痛みの種類、振れ幅、強さ、つらさなどがだんだんわかるようになっていきます。しかも、**いったん手がかりをつかみ**、問題意識を持ち続けられるようになると、急激に理解が深まり始めます。

人の気持ち、痛みを感じるとはどういうことなのか、どんなことを感じるものなのか、未発達だった、あるいは押し殺していた「知覚神経」が生まれ育っていく感じなのかも知れません。

すべてのことがそれまでとは違った色に見え、楽しくなってきます。自分の態度が変わるので、周囲の反応が変わり、好循環が起き始めます。

読書のメリット⑤

自分で「考える力」がつく

　読書すると、想像力が刺激され、発想が豊かになります。自分が知っていたこと、こうと思い込んでいたこととはまったく想像もしなかった世界があることを見せてくれます。

　たとえば、現在テロが問題になっていますが、「イスラム国」に関する本を1冊読めば、「イスラム＝怖そう」だけではない知識が身につきますし、また、そこから様々な知識が組み立てられるようになります。「そもそもなぜこの地域でテロが起こるのか」「イスラム教はどんな宗教なのか」「なぜ宗教が変質するのか」「仏教やキリスト教はどうなのか」などなど。自分の問題意識が広がっていき、その結果、想像力がさらに刺激され、ますます発想が自由になっていきます。特に努力しなくてもあれやこれや考えをめぐらすことができるようになっていくのです。

さらにその発想について調べていくと、だんだんと、このテーマに関する「意見」というものが持てるようになります。

そもそも「意見」や「考え」というものは、ゼロから組み立てていくことはできません。本は、**自分が「考える力」を持つきっかけとなってくれるものです。**

こうして様々な視点から自分の答えを導くということは、仕事上も大切ですし、プライベートも充実させてくれます。

仕事ができる人のなかにはたまに必殺仕事人みたいな仕事の仕方をされていて、想像力とか豊かな発想など馬鹿ばかしいと思っている方もいらっしゃるかも知れません。ただでさえ忙しいのだから、確実に仕事ができさえすればそれで十分だ、ということでしょう。言われたことだけこなすのであれば、それでいいし、定型業務であれば想像力が特になくてもあまり問題ないかも知れません。ただ、本当の意味で仕事ができる人は、柔軟で、状況の変化にもうまく想像力を働かせて動けるため、対応力が高いように思います。

人それぞれではありますが、「仕事ができる」ことを目指す人にとっては、発想が豊かなことは、かなり役に立つと思います。

そうでなければあまり人望もなく、「仕事は確かに結構こなすけどね。上司としてどうなんだろうね」ということになりかねないと、私は考えます。

私は想像力を刺激し、発想を豊かにするような読書を意識してきました。少しくらいジャンルが違っても、この本は自分の想像力を刺激してくれると感じた本は全部読んできた、という感じです。凝り固まって発想が貧困になることだけは避けたいと考えているからです。

読書のメリット⑥

時代に先んじた手が打てるようになる

読書をしていると、確実に洞察力、推理力が強化されます。次々にストーリーを読んでいくので、自然に鍛えられるのです。色々なケースが頭に蓄積され、苦労せずにシミュレーションができるようになっていきます。

仕事のシーンなら、企業ものの本がよいでしょう。

パナソニックやソニー、あるいはユニクロやアップル、Facebookがどのように起業され大きくなっていったのか、どのような壁にぶつかってどう解決してきたのか、創業者の悩みを知り、試行錯誤とブレークスルーを見て、自分だったらどう対処したか、どうリードしたかを考えることで、多くのことを学べます。

洞察力、推理力は、大きく二つの要素に分かれると思います。

まずは、**過去からの経緯**を見て、その本質が何かを見抜く力です。問題点も表面的な事象にとらわれず、本質を捉えることができます。それができれば、当然、対策も的を射たものになるので、早くかつ的確に解決できるようになります。

アップルのスティーブ・ジョブズは、パソコンは完全に一般大衆のほうを向いたマーケティング製品であるべきだと考え、ＩＢＭ ＰＣとはまったく違うアプローチで戦いました。企業体力の違いによるじり貧さと彼のあまりにも強烈な個性からアップルを追い出されますが、その後カムバックを果たし、それからはiPod、iPhoneと怒濤の進撃を実現しました。

洞察力、推理力は、ここでスティーブ・ジョブズが何を考え、どう判断し、どういう選択肢を選んできたか、彼の判断のベースはどこにあり、どうやって山や谷を乗り越えて来たのか、パソコンや携帯電話の発展の歴史に照らし合わせて読みとっていくことで身につきます。本を真剣に読むことで、それが鍛えられます。

二番目には、過去の経緯ではなく**「次はこうなるだろう」「こうなるはず」と今後の展開を考える力**です。

将来に関しては、誰もどうなるかわかりません。保証は何ひとつありません。ところが、洞察力、推理力が鍛えられると、他の人にはまったく見えないものが、見えるようになります。行き当たりばったりや思いつきではないので、かなりセンスよく将来を予想することができます。

ＴＶや新聞が今後いつまで持つのか、その後どうなっていくのか、Airbnbなどの民泊の発展が日本の社会にどんな影響をどう与えていきそうなのか、そういったことについても人より考える力がつき、変化に対応できるようになっていきます。

そのためには、先を見通すのに長けた人、たとえば私だったら大前研一さんのような人の本について、「なぜ、この人は、このように考えたのだろう」とその著者の思考を追うような形で読み進めることで、考え方そのものを身につけるようにします。そして、自分でもそのテーマについて考えてみます。

読書のメリット⑦

やる気が出る

本を読んで泣いたことはありませんか。私はしょっちゅうです。主人公のストーリーに感動したり、よくそこまで考えて書いた、という著者の努力に感動したり、感動したいがために色々な本を選んで読んでいる、と言ってもいいくらいです。悲しくて泣くというよりは、頑張っている様子に感動し、すごいなあと思い、涙があふれるのです。

感動すると、**ごく自然にやる気が湧いてきます**。不思議なことですが、人間はそういう動物のようです。感動して自分も頑張ろうと思えてしまいます。

私は比較的いつもやる気があるほうではありますが、意識的にやる気を充電する努力も、いつもしています。読書はその重要な方法の一つです。

私にとって「やる気が出る」本とは、発見がある本です。

人間の脳は知的好奇心を刺激されるとやる気になる構造をしているそうです。したがって、直感的に「面白そう」と思ったものを手にとり、読んでみるというのも、やる気を出したり、前向きになる一つの方法です。

やる気が出ないと悩んでいる方、やる気があってもすごくムラがあると思っている方は、やる気を出す手段としての読書もぜひ考えていただければと思います。相性はありますが、かなり手軽かつ確実にやる気を出すことができます。

「彼はいつもやる気があっていいなあ」というセリフはよく聞きますが、実はそういう人でも、やる気を高めるために陰で努力していることはよくあります。

やる気は決してコントロールできないことではない、もっと自らで上げることができるものだ、ということです。

第2章

できる人は
忙しくても、
なぜ、本が読めるのか

マッキンゼー時代に身につけた
「読書時間捻出術」

読書時間捻出術①

本を読む優先順位を上げ、本を読む時間に「市民権」を与える

数え切れないメリットがある読書ですが、忙しいと、ゆっくり本を読んでいる場合ではなくなります。そもそも、心の余裕が持ちにくく、読みたい本、読まなければならない本があると思っても、なかなか手をつけられないことのほうが多いです。

私も、学生時代はほとんど問題なく読めていましたが、社会人になり、日々忙しくなっていくと、読みたくても翌日までの仕事に追われ、1日また1日と先延ばしになることが増えました。あれこれ工夫しましたが、忙しいと気もそぞろになるので、なかなか集中できません。

最終的に落ち着いた方法が、**「本を読む優先順位を上げる」**という、一見ありきたりなやり方です。ありきたりですが、読書に対するアプローチとしては、意外にされていない方法だと思います。私もその結論に達するまでずいぶん試行錯誤をしました。

つまり、**本は生きていく上で必要だから、仕事をしていく上で必要だから、成長し続ける上で必要だから読む、**というふうに考え方・位置づけを変えるのです。すると、本が「読んでも読まなくてもよい」ものではなくなり、意識の上で、読書の時間をきちんととるようにしよう、と思うようになります。そして、役に立つものであるからと、正々堂々と時間をとり、適切な時間をあて、集中して読むことができるようになります。前向きかつ必需品としての読書の位置づけです。「攻めの読書」ですね。

冒頭でもお話ししましたが、今後、情報をいかに取り入れて、行動に変えていくかということが大事になります。時代の流れが速い今、いつまでも同じことをやっていては、生き残れないという事情もあります。本を読んで日々新たな知識やノウハウを得て、自分を改善できるのであれば、毎日同じことの繰り返しをして過ごすよりも、将来にとって有益です。

次ページの図2－1は、自分の時間配分のなかで本を読む優先順位を上げたところを示しています。2×2フレームワークで、横軸を重要度、縦軸を緊急度ととり、読書を、重要度「中」・緊急度「中」から、重要度「大」・緊急度「大」に変更したとい

図2－1　本を読む優先順位を上げる

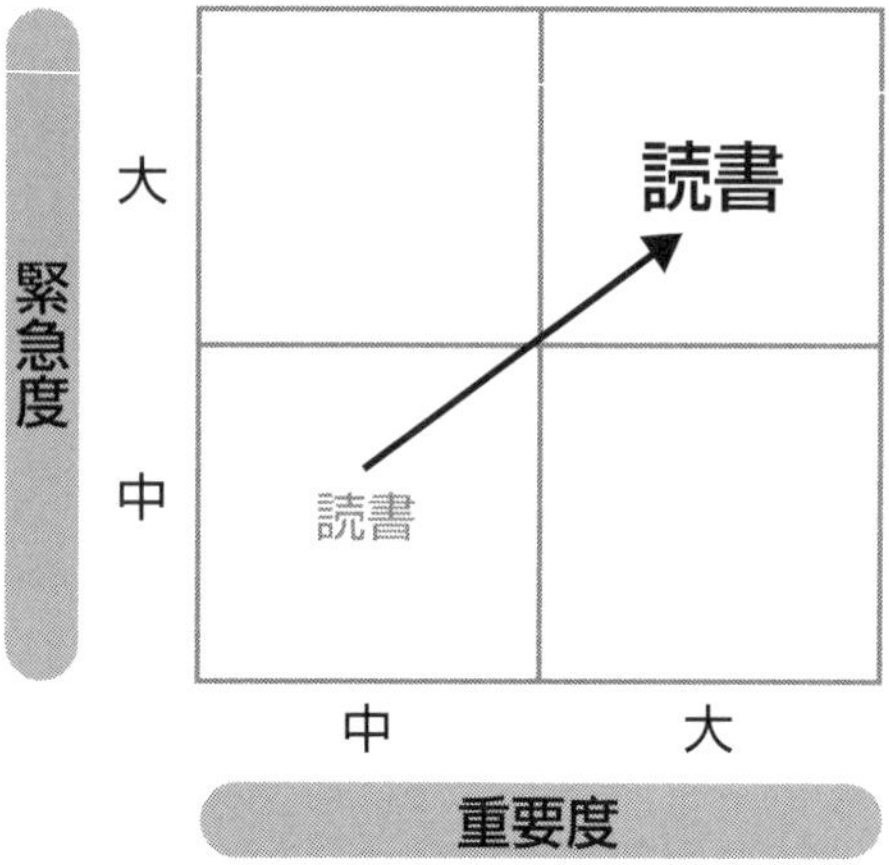

うことです。つまり、「そこまで重要でも緊急でもない」「読めるときに読めばよい」と見ていた読書を、「重要でかつ緊急にやるべき」という見方に変えたということになります。「重要」というのは、決して欠かせないものであり、「緊急」というのは、先送りにせず時間をきっちりとる、ということです。

2×2フレームワークを使うと、頭が整理されて、ぶれが少なくなっていきます。

しなくてはいけないことがあるのに、それをせずに本を読んでしまう、本に逃げてしまう、という点の解決の糸口になります。日陰に置くのではなく、表に置いて、遠慮なく本を読むわけです。

大げさに言えば、**「本を読む時間に市民権を与えた」**とでも言えるかと思います。何だこれはと思われる方もいらっしゃると思いますが、少なくとも私にとっては大きな発想の転換でした。

以前、私は本よりもネットでの情報収集が大事と考えていました。

2005〜2012年あたりはネット記事のフォローにかなり時間をとられ、本を読む量が激減していました。検索、メルマガやキュレーションアプリ、ソーシャルメディアから流れてくる膨大なネット記事に目を通すのが精一杯だったからです。

しかし、ネットでの情報収集は断片的になります。一つの記事はだいたい2000〜6000字で、どんなに長くても8000字程度になります。その長さの記事でカバーできることには限りがあるので、端折った内容になり、結果、浅くなります。またそれぞれの記事が断片的で、体系的に学ぶことがなかなかできません。さらに、本に比べて書くことにかける時間も少なく、事例が少なかったり、表現が甘くなります。

本はやはり内容がまとまっており、体系的な理解ができます。また、著者が深掘りをしており、内容も普遍的なものが多いので、実はネットよりも将来への示唆となることが多いと発見したのです。
それに気づいた今、ようやく、読書に、光の当たる新しい場を作れたわけです。どんなに忙しくても、本を読むことにきちんと向き合えるようになったのです。

読書の優先順位を上げると、「好循環」が始まります。
好循環というのは、

①意識して読書などで仕込みをしておく
②結果として、仕事上で、できなかったことができるようになる
③その結果、前には与えられなかったチャンスが生まれる
④自信ができて人に積極的に相談することが増え、視野が確実に広がっている
⑤その結果、前より仕事ができるようになり、読書もさらに役立つ

というサイクルが回るようになる、ということです。好循環が生まれるようになると、あるいは好循環を意識して増やせるようになると、どんどんプラスの状況が生まれます。「攻めの読書」全開ですね。

読書時間捻出術②

超多忙のマッキンゼー時代に、どう「読書時間」を生み出したか

忙しいなかで、どうやって本を読む時間を生み出せばいいのか。それが問題です。

結論から言うと、本は「集中して読む」のが、一番効果が高いと思います。

でも、「集中して読む時間がない」から、皆さん、苦労されているのだと思います。

そこで私が「読書時間」を捻出した方法をいくつかご紹介します。

これは読書に限らず、時間を最大限使いながら、自分のパフォーマンスを保つ上でも大事な方法です。ぜひ、応用して使ってみてください。

平日夜と休日のスケジュールを立てる

仕事に関しては、スケジュールの管理がしっかりできている人は結構いるでしょう。いつ何をするとか、どれだけの時間を割り当てるとか、考え抜いていらっしゃる方も

多いでしょう。

そこで、平日夜や週末の時間の使い方も、同じようにスケジュール管理をしてはどうでしょうか。そんなことはとてもしたくない、と直感的に反発される方のほうが多いと思いますが、いったん耳を傾けていただければと思います。

平日夜、週末は放っておいても時間があっという間にたってしまいます。その結果、もっとこうしたかった、あれもしたかったと後悔することはないでしょうか（私はいつも後悔していました）。夜だから、週末だからとのんびりしていたら、あっという間に時間がたち、やりたいことが何一つできずに終わってしまうのです。

仕事であれば、何とかスケジュールを立て、ほぼ予定通り進行できる。だったら、あえて平日夜、週末も同様にスケジュールを立てて、自分が使いたいように時間を使ったほうがいいのではないか、ということです。

「会社以外の場でスケジュールに追われたくない」という気持ちもわかりますが、**「平日夜、週末を有意義に過ごしたい」**ということと天秤にかけると、後者のほうがはるかに大事ではないか、と思います。

自分の「最低限」の睡眠時間を知り、それを確保する

今の生活に加えて「読書時間」を設けようとすると、睡眠時間を減らしてやりくりしようとする人もいるかも知れません。ただし、それで、他の仕事や生活に支障をきたすようでは、本末転倒です。

ですから、まずは、寝る時間や起きる時間を色々と試してみて「最低限の睡眠時間」を知り、朝起きる時間と夜寝る時間を動かさずに、その間で、「読書の時間」を作ることをお勧めします。

まず大事なのは、**朝起きる時間は、平日も土日も変えない**ことです。私の場合は、何年か前から朝7時と決めました。本当は朝8時がベストなのですが、それだと朝のミーティングなどに間に合わないので午前7時にしました。目覚ましはかけていますが、最近はほぼその時間に目が覚めるようになってきました。

人間の体は、いつも同じ時間に起きるようにしていると自然にそれに合ってきます

ので、気分も爽快です。さらにいいのは、起きる時間の15分ほど前にカーテンを自動的に開けることで、できるだけ太陽の光を浴びることです（この機械は、私の支援先のベンチャーが開発中ですが、せめて朝起きたらすぐ窓を開けて、陽の光を浴びましょう）。

私の場合、平日の朝、7時に起きると、家を出るまでに平均して1時間半程度の時間があります。その時間にメールの返信、ネット情報のチェックをすべてすませ、積み残しなく、その日の戦闘態勢が整います。

ペースを変えないため、土日も躊躇なく朝7時起きです。

また、**夜寝る時間も、基本はできるだけ変えません。**

金曜夜も、週末だからといって特に夜更かしはしません。ここで夜更かしをしてしまうと、土曜朝に起きることができず、1日が短くなってしまうからです。土曜の夜も目が冴えて眠れなくなり、悪循環が日曜まで続きます。悪循環を起こさないため、土日も平日と同じ時間に起きることが大切だと考えています。

つまり、睡眠時間も平日と週末で変えないことが大事です。私の場合、睡眠時間は5時間半にしているので、できるだけ午前1時半には寝るようにしています。習慣にしていると、寝つきがものすごくいいですし、起きるのもすぐです。

実際には5時間半は私にとっては少し不足気味です。ただ、朝は7時に起きないと色々余裕がなく、夜も午前1時に寝るとやるべきことをやり切れないことが多いので、5時間半に決めました。多分あと30分短くして5時間にすると、日中ぼーっとしたり、眠気が過度になると思います（ときどき、どうしてもそういう状況があるので、わかります）。

自分にとってぎりぎりの体調を維持し、戦闘意欲を落とさない最小の睡眠時間を把握し、全力でそれを守る。これには本気で取り組みます。そのなかで今より睡眠時間が少なくてよいと思えば、寝ていた時間を「読書」に回せます。逆に、今がギリギリの睡眠時間だと思えば、睡眠を削ってはいけないのです。

なお、土日に寝だめしないととても体力がもたない、という方もいらっしゃると思いますが、平日をもう少し工夫して疲れがそこまで溜まらないようにしたほうが、悪循環になりにくいです。

たとえば、起きる時間を15分遅らせたり、寝る時間を15～30分早めるなど。

寝つきが悪い方については、寝つきがよくなるような入浴の工夫なども色々あります。たとえば、シャワーより入浴のほうがよい、40℃程度のお湯がよいなど、調べると様々な方法が出てきます。眠れない分、睡眠時間を30分減らす、ということも一つの答えかも知れません。

その他の時間を有効活用する

〈通勤時間〉

通勤が1時間半以上でしかも座れない、残業も毎日2～3時間、だから疲れ果ててしまう、という方の場合は、通勤時間にスマートフォンなどで情報収集、読書、英語の勉強など全部すませてしまいましょう。**むしろ、家ではストレッチをして少しでもリラックスしたほうが、翌日すっきり仕事にも臨めると思います。**

なお最近は電子書籍のみの本も出ています。普段、本は紙のものを部屋の中で読む私ですが、これに限っては、スマートフォンで、電車の中で読んでいます。ラッシュアワーで立っていても手軽に読めるので、重宝しています。ただ、紙ほど簡単に線を引けないのと、ざっと見ることができないのが結構面倒だなとは感じています。

〈昼休み〉

もともと、私には、いわゆる、「1時間のお昼休み」という概念がまったくありません。これは価値観の問題ではありますが、そのようにするくらいなら、早くその日の仕事を終わらせるほうがずっとよいと考えています。仕事のペースを落とさないためには、昼休みも仕事にあてたほうが効率的だと思います。

もちろん、そういうコントロールができにくい場合、また、どうしても読書時間を作りたい場合は、1時間の自由時間を最大限活用することになるので、さっと食事をして、残りの時間で情報収集をしたり、読書する、ということになるかとは思います。昼休みに一人でいると浮いてしまうような職場もあるでしょうが、「1時間ぎりぎりまで職場の人とよもやま話をする」のは仲間はずれにされないためになっても、**「攻めの人生」「自分でコントロールする楽しい人生」**にはならないように思います。日本企業の多くは、国内であってもグローバル化、IT化、AI化、規制緩和が進むことで結構危険な状況にあるので、自分としてはできるだけ戦闘力を上げておくほうがよいという考え方です。

本当に忙しくても、工夫できる余地は必ずある

ただ、本当に体力ぎりぎりで生活している方の場合も、

① 仕事のやり方を変えて、遅くても会社を21時に出ることができないのか？

② 家に帰ってだらだらプロ野球ニュースなどを見る時間を減らせないのか？

③ 朝30分早く電車に乗ることで、座る工夫ができないのか？

などは多くの場合、改善できそうです。もちろん、すべては優先順位の問題です。

会社を出るのが平均的に21時を超える場合は、仕事の仕方そのもの、あるいは上司との関係に改善余地がありそうです。どんな職場よりも多忙で超ハードだと言われる前職マッキンゼーでも、コントロールの仕方はいくらでもありました。コントロールできず流される方は多かったですが、やはりやりよう次第だと思います。

こう言い切ることの責任をとって、どうしてもうまくいかないと困っている方は、

ぜひ①仕事内容と経験・スキル状況、②上司の姿勢、③職場環境など、状況を書いて私にメールで相談してください（akaba@b-t-partners.com）。すぐお返事します。改善の仕方はいくらでもあると思います。

「攻めの読書」「成長するための読書」つまり、「自分にも会社のためにもなる読書」をするためには、このくらいの工夫と割り切り、居直りはどうしても必要です。

読書時間捻出術③

読書の時間をスケジュールに組み入れる

自由時間がある程度見積もれると、自由に使える時間が決まります。ここに読書時間を組み入れていきます。

私の場合、平日は会食が多いので、夜10時から午前1時半までの3時間半前後、短くても2時間半はほぼ自由に使えます。

土曜、日曜は6〜8時間は自由に使えます。健康管理のための日曜夜のテニス2時間を入れても、4〜6時間は自由時間です。『ゼロ秒思考』（ダイヤモンド社）以降、本を十数冊出せているのもそういう背景があります。それでも仕事は普通の人より相当多くこなしていると思います。

読書時間としては、平日夜あるいは週末に、主に自宅で机に座って読みます。**本に**

図２－２　平日のスケジュール

7：00	起床。メールチェックとGoogleアラートの記事チェック。朝食
8：30	ミーティング。１日に5～9件（土日は3～4件）。スカイプミーティングや、セミナー・講演・ワークショップも
19：30	会食（週2～4回）、あるいは講演（週1～2回）
22：00	帰宅。メールやFacebookメッセージなどに返信。翌日までの資料作成後、入浴。読書をし、ブログ・本を書く
1：30	就寝

流され、ダラダラと読み続けないため、時間を決めて一気に読んでいく感じですね。自宅でも仕事はしますので、読書と仕事に時間を割り振って、スケジュールに沿って動くようにしています。私は大体30分くらい読書時間をとっています。30分あればある程度は読めますし、忙しくてもそのくらいの時間はとれます。

ちなみに、私の平日のスケジュールは、まとめると、こんな感じです（図２－２）。

〈7時　起床〉

顔を洗ってすぐパソコンに向かい、

メールチェック（200件ほど）と返信（30〜40件ほど）。Googleアラートの記事チェック（登録キーワードは100以上。今まともに見るキーワードは20個ほど）。その間にコーヒーとバナナ1本など。

〈8時30分〜　仕事〉

8時30分からミーティング。1日に5〜9件（土日は3〜4件）。セミナー・講演・ワークショップも。

ランチでの会食はできるだけ入れません。話が必要な会食は夜のほうがずっと効果的です。昼間は誰でも忙しく慌ただしいので、何年か前から意識的に減らしました。なので、極力短時間ですませます。

国内外の出張などで現地の取引先、支援先などとの1日ミーティングの場合は、ちょっと事情が違います。昼食も重要な情報交換の場であり、親しくなるための場として活用します。

〈19時30分から会食・講演〉

19時30分から会食（週2〜4回）、あるいは講演（週1〜2回）。会食は、読書に優る重要な成長機会です。会食の相手が本やブログを書いている場合は、もちろんそれを全部読んでおく必要があります。本やブログの内容について著者に質問する絶好の機会です。また、これは最小限のマナーでもあります。

本やブログを書いていない場合、その方の関連分野で大事な本やブログがあれば、なるべく読んでおきます。そのほうが会食から得られるものがはるかに大きくなります。

逆に言えば、ただ楽しいだけの会食はできるだけしないようにしています。同期会・同窓会や趣味の集まりは別ですが、それ以外はなるべく目的を持った会食にしています。やや人付き合いが悪い、と思われる可能性もありますが、「もっとやりたいことがあるので、割り切るしかない」という判断です。

〈22時　帰宅〉

即座にパソコンに向かい、メールやFacebookメッセージなどに返信、翌日までの資料作成後、入浴。読書をし、ブログ・本を書く。平日でも3時間半くらいあるので、「攻めの読書」をする絶好の機会です。

〈1時30分　就寝〉

寝つきがいいので、即刻、眠りにつきます。ただ、本当のところは、この本を書いたり、ブログを書いたり、翌日の講演資料を作成したりで、残念ながら2時あるいは2時30分就寝の場合も少し増えています。もちろん、起床時間は変えません。睡眠時間が短くなると、新幹線やそのほかの移動中に寝ることが増えます。

読書の時間はこれで毎週数時間以上とれるので、1週間で1〜2冊は確実に読めます。生活に組み込んだ「攻めの読書」はそれで十分です。

こう書いてみるとずいぶんハードでぎりぎりの生活のように見えるかも知れませんが、私自身はやることがたくさんあって、優先順位も明確についており、無茶苦茶楽しいので、よしとしています。

要は、**本を余暇とか趣味とか考えずに、自分の24時間のなかで割り振るべき重要な活動の一つと見て、**自分にとって快適かつ生産的な時間のかけ方を習慣化することが非常に大切です。

なお、家で仕事をしないという方針の方もいらっしゃるとは思いますが、私は仕事としてやりたいことが大変多いし、それが楽しいので、家でも普通に仕事をしています。

押しつけることではありませんが、社会に出た最初からなるべくそのようにしたほうが楽しくなると思います。もちろん仕事以外しない、という意味ではまったくありません。

なお、どこの時間帯が比較的ブロックしやすいか、人によってまた家庭環境等によって違うはずです。それに合わせてスケジュールを立て、それを全力で守ることで、生産性が高く、気分のいい毎日を送ることができます。そうすると、色々なところで好循環が生まれやすくなります。

読書時間捻出術④

無理のない「読書習慣」を身につける

どの時間なら集中して本を読めるのか、家族、仕事、通勤時間、年齢などによって大きく異なります。自分の生活習慣、趣味・嗜好に合わせて、いつ、どこで、どう読むといいのか、自分に合った読書習慣を身につける必要があります。

まだお子さんが小さいご家庭では、寝た後、あるいは起きる前などが一番生産性の高い時間帯でしょう。そうでなければ、帰宅後すぐに入浴してそれから時間をとるとか、逆に帰宅後すぐに読書時間をとって、ある程度片づけてから入浴して寝るとか、人それぞれですね。

例として、ワーキングマザーの方の一例を挙げました（図2－3）。夜に読書の時間をとりたいと思っていましたが、疲れがとれなかったり、集中して取り組めなかったため、思い切って子どもと早く寝るようにしたら、朝、自然に5時には目が覚める

図2－3　あるワーキングマザーのスケジュール（一例）

5時起床	ストレッチ＋読書・仕事
6時	自分の準備＋朝食準備
7時	子どもを起こす
8時	子ども登校・自分出社
9時～18時	会社
19時	子どもの塾の迎え
19時30分	帰宅＋夕食の準備 子ども入浴
20時	夕食＋夕食の片づけ
21時	子どもの明日の準備＋宿題時間 自分入浴
21時30分	子どもと一緒に就寝

ようになり、読書時間もとれるようになったそうです。少し方法を見直すと、意外な時間が見つかるものだと思います。

いずれにせよ「読書時間」を作る場合、無理がないことが大事です。

私の経験からも、無理のないスタイルを早めに確立すると、生産性が高くて早く成長し、仕事もできるようになっていきます。そのほうが人生の満足度も上がっていくと思います。

習慣化すれば、読み過ぎるとか、読まなさ過ぎるとか、本ばかり読んで他のことができなくなってしまうとか、そういうことが減っていきます。成長のための

「攻めの読書」がだんだん自然体でできるようになっていくわけです。

これまで、「本は時間のあるときに、気分のおもむくまま、のんびりゆったりと読む」「楽しみのために読む」「人として成長するために手当たり次第に読む」ということが普通だったとしても、そうではない見方、やり方がいくらでもあるということを本書でお伝えしたいと思っています。

やり方を自分で工夫し、それを貫くことが、結果としては、本当に自由な時間を使えるようになります。言い換えると、目的を間違えず、手段を適当に考えず、メリハリをつけることで、結果、リゾートなどでののんびり、ゆったりできることにもつながります。

読書時間捻出術⑤

本は「必要十分」なだけ読めばいい

こうして時間を確保したところで、本は、一体どれだけ読めばいいのでしょうか？後で紹介しますが、30代になるまでに300冊、それ以降は1年に50冊程度読めればいいと思います。

これまでにそこまでの冊数を読んでいない方は、ある程度の量を読み終えるまで、余裕時間をなるべく読書にあてるほうがよいでしょう。ただ、毎月10冊以上読み続け、これまでに1000冊以上読んでいるような人がさらに読書に一定以上の時間をあてるのは、**すでに費用対効果が限界にきている**というふうに思います。

そのため、情報収集も「本」だけではなく、人に会ったり、現場に足を運んだりして行なったほうが、本で得た知識も広がり、自分の力になります。

それ以上読める、もしくは、読んでいるという方は、

①本を読む時間を少し減らして、もっと優先順位が高い仕事ができないか？
②もっと他の情報収集（ネット、展示会、勉強会、人に会う）ができないか？
③もっと他の、感性を豊かにする活動ができないか？
④もっとプライベートを充実できないか？

などを考える余地が十分あると思います。

一つお伝えしたいのは、**「本の読み過ぎ」はよくない、**ということです。

いつの間にか「本を読むのはいいことだ」という既成概念にとらわれていないでしょうか？

「ゲーム」や「マンガ」は怒られるけれど、「本」を読んでいると怒られない。

そうした子ども時代を過ごした人もいるはずです。

でも、その概念のおかげで、「本を読んでいれば、よいことをしている」という気持ちになりやすいということも言えます。

私が知るマッキンゼーのコンサルタントも本は読みます。でも、必要なだけ読んで、後は「現場」で、実際の自分の行動や判断力を磨いています。本を読んだ知識をもとに、人に会い、より深い知見を得ようとしています。

本を読むこと自体を目的とせず、成長のきっかけにしたほうが、より自分を磨くことができるのです。今度は、**いかに本から自分の行動を変えるか**、が大事です。

極端かも知れませんが、教養や娯楽として読むなら、漱石は2〜3冊、シャーロック・ホームズも2〜3冊読めば、それでよし。そのくらい絞り込んでも、読むべき本は数百冊になります（本を読んでばかりいた若い頃の自分に伝えてあげたいことです）。

「本を読むことはよいことだ」というお約束・価値観がまだ個人としても社会としても強くありますが、活版印刷の発明以降、本しかなかった過去数百年と、本以外にネット記事、動画が無限大にある今とでは、本に対する姿勢を根本から見直す必要があると考えています。展示会も無数にあります。

自分と読書のよい関係を考えるには、「本に対して受け身にならないこと」。

「本を読んでいればいい」から、仕事や人生に役立つよう「戦略的に、攻めとして読む」ことへ、大きな転換を図る必要があります。

読書時間捻出術⑥

SNSで仲間を募り、読書を習慣化しよう

さて「読書の習慣」をつけようと思っても、なかなか続かない方もいるでしょう。毎日の忙しさのなかで、目の前のやるべきことに流されてしまいがちです。読むべき本を確実に読むためには、工夫が必要です。

お勧めは仲間を募り、期間を決めて一緒に読むようにすることです。忙しくて仕事ができる人ほど、周囲に助け合える人も多いものです。また、学生時代の友人や以前の職場の仲間との関係も結構よかったりします。

そういう仲間や、あるいはFacebook、LINE上などで募った仲間と、仕事の本、経済・社会・哲学・歴史の本、科学の本や小説などを競争して読む**「読書グループ」**を作ってはいかがでしょうか。忙しくても本を読んでもっと成長したい、もっと世界を広げたいという人が、限られた時間のなかで本を読み、発見や感想を素早く言い合う場を

作って、期間を決め競争して読めば、より計画通りに読み進められるのではないか、という趣旨ですね。

全国にあるいわゆる「読書会」「読書サークル」とは少し違うかも知れません。時間のある人が集まって本を読むことに主眼を置くのではなく、「忙しくて時間がない人が何とか読書の時間を捻出し、仕事に役立たせる。そしてもっと成長する」という趣旨で刺激し合うところが特徴です。忙しい毎日のなかでどうやって本を読んで学んでいるかという意見交換ができれば、よりよい読書スタイルも見つけられるかも知れません。

たまにはオフ会として実際に会うのもいいかも知れませんが、基本はオンラインでのコミュニティです。忙しい人にとっては、オンラインでいつでもつながるほうが使いやすいと思います。

ここでFacebookグループを使って立ち上げるときの手順を紹介します。

1. 主宰者としてFacebookグループを作ります

Facebookグループは、世界で14億人以上、日本でも数千万人が参加するFacebook上のコミュニティで、参加者への通知機能とディスカッション機能が優れているので、使いやすいものです。

なお、本書ではこの本と連動した形で「アクションリーディング　行動するための読書」という名前のFacebookグループを立ち上げています。検索するとすぐに見つかりますので、参加申請をしてください。私のほうですぐに参加承認をします。すべて無料です。友人、同僚、後輩の方にもぜひ声をかけていただけたらと思います。

2.「この本を読みたい。この本を読みたい理由はこれ。時期はいつ開始し、いつ終了」と仲間を募ります

本はもちろん、新刊に限りません。私なら今、改めてドラッカーの『非営利組織の経営』（ダイヤモンド社）を読みたいと思いますので、

「ドラッカーの『非営利組織の経営』を一緒に読みませんか？　私はかなり前に読みましたが、改めて読んで皆さんと感想を共有したいと思います。

非営利組織向けの本のようですが、実際はあらゆる組織のリーダー、マネジメントに役立つ、非常に本質を突いた本です。私が読んだ本のなかでは、この点に関してベストでした。

6／18（土）にスタートして2週間、7／2（土）に感想を投稿していただければと思います。参加希望者はこのスレッドに参加趣旨も含めて簡単に自己紹介してください。できれば読書後の『チャレンジシート』もぜひアップしてください」

と投稿します（「チャレンジシート」については第4章で詳しく述べます）。一人が何件投稿しても大丈夫です。Facebookの投稿は一般に短いので、すぐに書けます。

Facebookグループの場合、投稿したスレッド（投稿の流れ）に参加表明をし、読了後感想を書くようにすると、一つのスレッドがその本向けに限定されるので、使いやすいと思います。その件に関する投稿者には、他の人の投稿があった際に通知がいきます。読もうとは思わない本に関しての投稿は通知がいかないので、メッセージがあふれることもありません。

読書提案は誰でもできます。

読書提案投稿には、なぜその本が素晴らしいのか、なぜ今一緒に読みたいのかを一言添えます。その言葉に説得力があれば数十人が参加するでしょうし、説得力がなければ誰も参加しないことになります。また、提案者の投稿内容や読書に関する行動に魅力があればより多くの人が参加しますが、今ひとつなら参加者も少なくなるかも知れません。

つまり、当然の市場原理が働くので、提案者側にも正常なフィードバックがかかることになります。一般にFacebookなどのSNSは、個人ページやFacebookページ、Facebookグループで発信をして、賛同が多ければシェアされたり、コメントされたり、「いいね！」をされたりします。一方、賛同が少なければ誰にも相手にされない状況が起きます。より多くの人が参加するような提案を工夫することもスキルアップにつながります。コミュニティ運営上、悪くない仕組みだと思います。

なかにはオープンなサイトを立ち上げると、おかしな書き込みなどが増えるのではと心配する方もいるかも知れません。

ヘイトスピーチ的な内容、嫌韓・嫌中、ネトウヨ、左翼・右翼・極右、極端な宗教、自殺幇助・テロ誘発などの本は、Facebookグループの管理人が会則として禁止することができます（私が管理人になった場合、必ずそうします）。そういった投稿もまた投稿者もすべて排除できることは言うまでもありません。Facebookグループのよいところは、Facebookグループを作り管理する管理人に、そういった権限がすべて付与されていることです。Facebook自体にも一定のポリシーがあります。

3．提案者は、終了日に感想をアップし、他の参加者の感想投稿を誘います

視点、立場の違う人が同時期に同じ本を読んで感想を言い合うので、結構盛り上がるのではないでしょうか。チャレンジシートを書いた場合は、それもアップします。

Facebookグループの運営は、こんな感じになります。忙しい中でも、こういう読書プロジェクトを複数走らせておいて、皆で読み合うことは、励みになるのではないでしょうか。しかも、次のようなメリットもあります。

①本を読んだら短くても必ず感想を言う癖がつく。そのほうが確実に頭に入る
②自分が関心を持って読みたいと思った本への他の人の感想を知ることができる
③しかも、そこですぐ質問をしたり、ディスカッションをしたりすることができる
④推薦理由が書いてあるので、読むべき本の選択肢が増える。自分の知らなかった本との出会いとなる
⑤問題意識が高まり、今度は自分が本の提案をしようと思って情報感度がどんどん強化される
⑥結果として好循環が起きやすくなる

「アクションリーディング　行動するための読書」のグループは、本書と連動した形で続けていきますので、ぜひFacebook上で検索し、ご参加ください。

第3章

短い時間で、読んだ内容を身につける「集中読書術」

活用するための読書術①

読んだことをそのままデータベースにする本の使い方

この章では、私が本を読むときに意識していることを紹介したいと思います。私にとって、本は仕事に使ったり、成長するためのものです。そのため、必要なときに後で見返したり、できれば必要なことは覚えておきたいと思っています。しかしながら、それをノートに書き写している時間はありません。そこで、本そのものに、内容をメモしているのです。さっそく紹介していきましょう。

本の扉に「日付と評価」を入れる

本を買って最初にすることは、本を開いてすぐのところにある「本扉」に買った日付を入れることです。その後、1回目に読んだ日付とその評価を入れます。

写真3－1

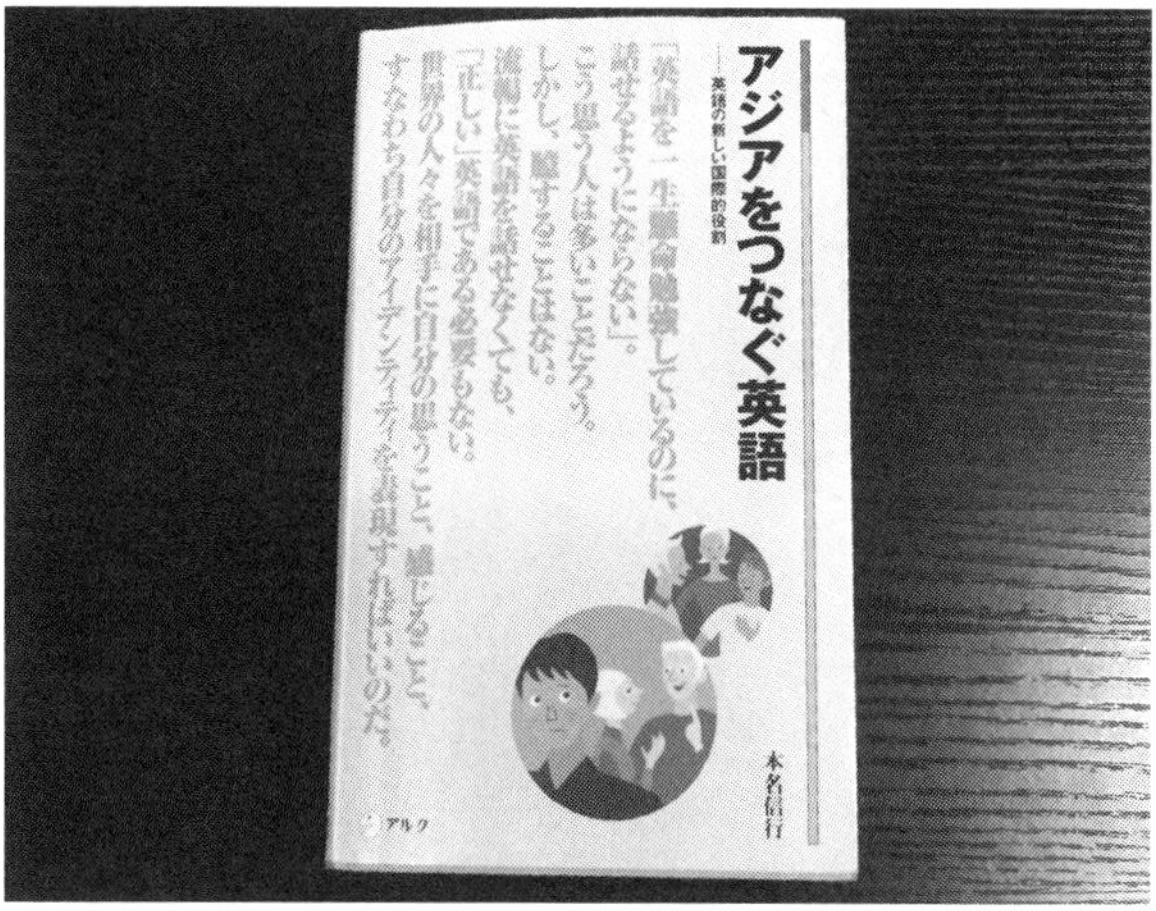

最近私が非常によいと思った本がありますので、これを例にとってご説明します。アルク新書の本名信行著『アジアをつなぐ英語』（上写真）です。

２０１６年3月に出版した『もうこれで英語に挫折しない』（祥伝社。http://goo.gl/8git20）という本について重要なヒントを得ました。本を出した後、改めて2回目として読みましたが、やはり高く評価すべき内容だと思います。

評価基準は学生時代から一貫して次の形です。

◎：最高によい本。誰にでも強く勧めた

写真3−2　本扉に評価を入れる

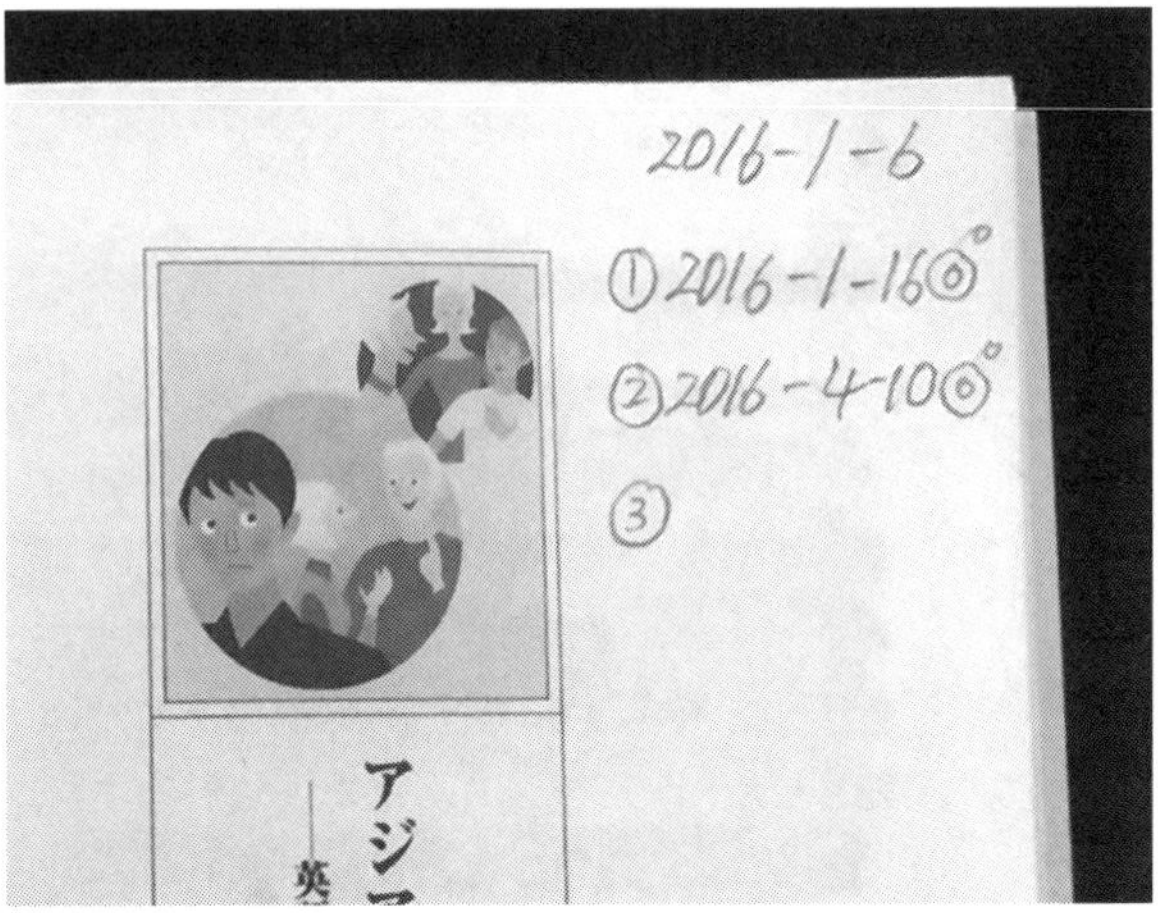

い

◎：非常によい

○：よい。だめではないが今ひとつ

△：微妙。買わなければよかった、読まなければよかった

×：最悪。ひどい本、あきれた

これをつけておくと、すぐに内容を思い出せます。また、評価することでだんだんと「買うべき本」「買わないほうがよい本」もわかってきます。

「◎以上」の本を買い、読もうといつも意識しています。どうしても「○」「△」の本もゼロにはできないので、そういうときはがっかりします。

「×」の本を買ってしまった場合は、火をつけたくなります。

一方、「◎」の本に出会った場合は、本当に嬉しくなりますね。「これこれ、これこれ〜〜!!」という感じです。

本には向き不向き、好き嫌いがあるということは自分自身の経験からもはっきりわかっていたことですが、それを超えて「いいから読め」「ともかく読んで」と言って全力で勧めたい本ということで、「◎」が生まれました。これで5段階評価となりました。

内容・表現・洞察力まで自分のものにするマーカーの引き方

私は買った本を読むときは、大事なところに必ず線を引いています。

大事なところとは、

①「なるほど！」と思ったところ

②「うまい表現だ」と思ったところ

③あまり他では見ない、洞察力や知恵のある内容のところ

などです。これは学生時代からの数十年の習慣で一度もぶれたことがありません。

①「なるほど！」と思ったところは、自分の感性を刺激してくれるところです。本を読みながら、いつもこれを探しています（このために読書を続けていると言っても過言ではありません）。なので、そういう部分を見つけると、すごく嬉しくなります。

小説でも、人物の心を追いながら、こういう心情になることがあるのだと知ったり、こんな繊細な心の動きに、よく作家は気がつくものだと感心したときに線を引きます。

私が特に大事にしているのは、生き方、頑張り方や、人に対する姿勢とコミュニケーションのあり方などを教えてくれるものです。マーカーを引きながら、ずっと大切にしていきたいと感じます。

②「うまい表現だ」と思ったところに、線を引きます。内容もさることながら、それ以上に表現がうまく、非常に的確に言い表わしているというところです。「こういうふうに表現するとよくわかるし、読みやすくできるんだな」「自分が書類、ブログ、本を書くときに参考にしたいな」というところに線を引きます。私は、文章を書く仕

事も多いので、**表現スキルを伸ばすのに役立てています。**

③「洞察力や知恵のある内容」は①や②ほどは感動・感心しないものの、**読んでよかったと思う優れた知見**を対象にしています。

線は必ず**黄色のラインマーカー**（いわゆる蛍光ペン）で引きます。これであれば、電車の中や飛行機の中など少し揺れるところでも気をつかわず、すいすい引けるからです。

黄色である理由は、比較的目にやさしいのと、そのページのコピーをとっても黒くならないためです。赤や青の蛍光ペンだと、複写機によっては線が濃い目に出てしまい、読みづらくなることがあります。整理のときなどにコピーをとることが以前は結構あったため、このようにしていました。

赤鉛筆で引いていた時代もあったのですが、赤鉛筆だと少し揺れた場合に線が大きくぶれたりして汚くなるので、しばらくして黄色のラインマーカーに替えました。

写真3－3　3つの基準でマーカーを引く

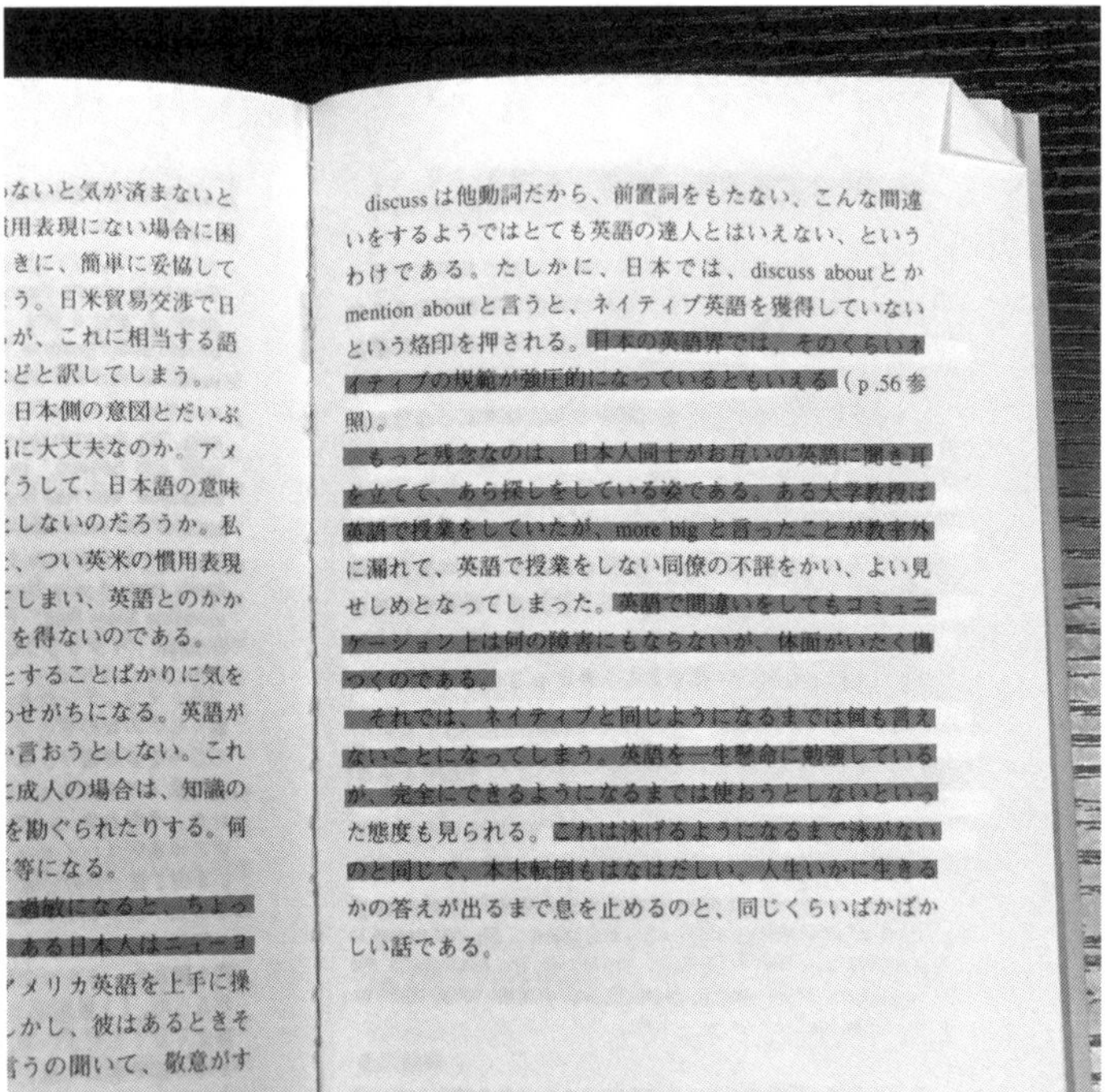

ないと気が済まないと
用表現にない場合に困
きに、簡単に妥協して
う。日米貿易交渉で日
が、これに相当する語
どと訳してしまう。
日本側の意図とだいぶ
に大丈夫なのか。アメ
うして、日本語の意味
しないのだろうか。私
、つい英米の慣用表現
しまい、英語とのかか
を得ないのである。
することばかりに気を
せがちになる。英語が
言おうとしない。これ
成人の場合は、知識の
を勘ぐられたりする。何
等になる。
過敏になると、ちょっ
ある日本人はニュー
アメリカ英語を上手に操
しかし、彼はあるときそ
言うの聞いて、敬意がす

discuss は他動詞だから、前置詞をもたない、こんな間違いをするようではとても英語の達人とはいえない、というわけである。たしかに、日本では、discuss about とか mention about と言うと、ネイティブ英語を獲得していないという烙印を押される。日本の英語界では、そのくらいネイティブの規範が強圧的になっているともいえる（p.56参照）。

もっと残念なのは、日本人同士がお互いの英語に聞き耳を立てて、あら探しをしている姿である。ある大学教授は英語で授業をしていたが、more big と言ったことが教室外に漏れて、英語で授業をしない同僚の不評をかい、よい見せしめとなってしまった。英語で間違いをしてもコミュニケーション上は何の障害にもならないが、体面がいたく傷つくのである。

それでは、ネイティブと同じようになるまでは何も言えないことになってしまう。英語を一生懸命に勉強しているが、完全にできるようになるまでは使おうとしないといった態度も見られる。これは泳げるようになるまで泳がないのと同じで、本末転倒もはなはだしい。人生いかに生きるかの答えが出るまで息を止めるのと、同じくらいばかばかしい話である。

黄色のラインマーカーは、アタッシュケースにもオフィスにも自宅にも数本ずつ置いてあります。**たまたまない場合は、本を読むのをやめるほど徹底しています**。大事なところを見つけても線が引けないと、読むこと自体がもったいなく感じられます。たまに読んでしまって後で線を引こうとしても、該当箇所を探すのが意外に大変なのです。

そのため、常に手元におけるよう、アスクルなどで10本買いをしてオフィスや自宅に備えています。海外出張のときなどはフライト中に本を読むことも多いのですが、飛行機の中は乾燥しているので、蛍光ペンがすぐだめになってしまいます。そこで数本予備を持っていきます。

また、**線を引いたページの右上の耳を必ず折ります**（次ページ参照）。これは8ミリ×8ミリ程度の大きさで、後から線を引いたページをすぐ見つけられるようにするためです。折る大きさは、慣れるとそれほどずれずにできます。

黄色の線を入れたページが見開きの左側でも右側でも、そのときの右上の耳を折ります。そうすれば、再読のときに混乱せず、すぐそのページを見つけ出すことができ

写真3−4　必ず右上の耳を折る

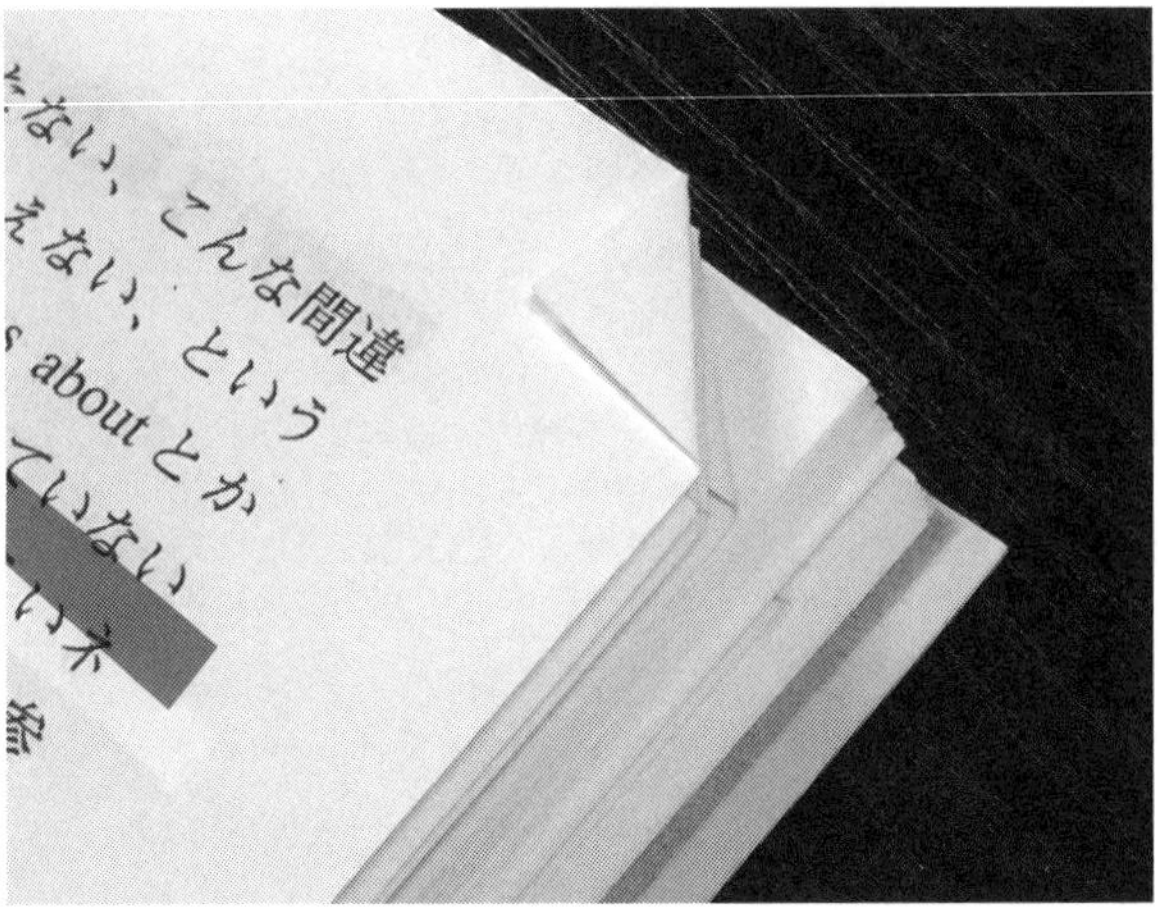

るからです。

素晴らしい本なら、耳を折ったページが全体の3分の1くらいにもなります。そういう本の著者は「なるほど！」と思える内容をほとんどのページに書いてくれているので、感激します。本当にありがたいことだといつも思います。

はずれの本でも、線を引くのがまったくないということはほぼなく、2〜3ページ程度はあります。ただ、もちろんそういう本はなるべく選ばないように、注意しています。

最近は、読んだ本をアマゾンなどで結構よい値段で売ることもできるので、たまにはずれの本に当たったときは、線を引いたり耳を折ったりすることを躊躇することもあります。「後で売るために、なるべく線を引かないでおこう」という誘惑です。

ただ、それではやはり本末転倒なので、本は厳選し、読むときはいさぎよく線を引き、耳を折るよう心がけています。

活用するための
読書術②

読んだ直後にメモを書く。もやもやを全部吐き出す

本を読みながらメモをとると時間がかかり過ぎるので、忙しい人にはあまりお勧めできませんが、読んだ直後にメモを数ページ書くことは非常によいと思います。

メモと言っても、A４用紙に思いつく限りどんどん吐き出していく感じです。できれば『ゼロ秒思考』（ダイヤモンド社。http://goo.gl/xUznv6）で紹介したA４メモ書きのやり方で、思いつくテーマごとに用紙を替えて書くのがよいと思います。

『ゼロ秒思考』を読まれていない方のために紹介すると、A４用紙を横置きにし、左上にタイトル、右上に日付を書き、１ページに４〜６行で各行20〜30字、思いついたことを１分間でどんどん書いていきます。これを毎日10〜20ページ書きます。

書く内容としては、本を読んで感じたこと、驚いたこと、読んで自分もこうしようと思ったことなどが考えられるでしょう。

本によっては、メモが2〜3ページ、あるいは7〜8ページになる場合もあると思います。しかしながら、この書き方であれば読書のスピードをまったく落とさず、読了後に2〜3分あるいは7〜8分かけるだけで頭が大いに整理されます。

参考に私が書いたメモを2ページ分掲載します（次ページ例1・例2）。89ページで紹介した『アジアをつなぐ英語』という本を読んだ直後に書いたものです。

1ページ目は、日本人が考えているような「英語」という一つの統一された言語があるわけではない、ということが強く印象に残ったので、例1のように書きました。

2ページ目は、日本人がいかに同じ日本人の英語のあら探しをしているか、いかにネイティブ英語を意識し過ぎているか、が気になったので、それをテーマに書きました。

例は2ページ分ですが、読んで強い印象が残ったら、テーマが思いつくまま、どんどん書くとよいでしょう。

図3−1　読んだ直後に書いたメモ　例1（1ページ目）

英語はそれぞれの国でばらばら　2016-2-20

−シンガポールの人はシングリッシュに誇りを持って使っている

−英語が下手とかではなく、使いやすいように英語の文法、文章を少し変えて、しかもルール化している

−日本人も発音しやすいジャングリッシュを作って堂々と使えばよい

−外国人がたくさん来るようになったら、ジャングリッシュでやりとりすればよい

図3−2　読んだ直後に書いたメモ　例2（2ページ目）

日本人はネイティブ英語を意識し過ぎ　2016-2-20

−日本人同士があら探しをしている

−他の国の人はそんなこと何も気にしていない

−ネイティブと同じようになるまでは何も言えないことになってしまう

−こういうメンタリティーを打破しないと、日本人は永遠にグローバル化した社会に取り残される

読んだ直後にメモを書く際のポイントをいくつか述べます。

1．頭に浮かぶまま、言葉を選ばず吟味せず、そのまま書く

『ゼロ秒思考』のＡ４メモ書きでいつも言っていることですが、不思議なことに、言葉を選ばず吟味せず、各行の順序も、まったく気にせずに書いても、ほとんどの場合、適切な内容、適切な順序になります。

こんなことを書いてもいいのだろうか、などと考える必要はありません。「いいこと、かっこいいことを書こう」などと人目を気にして余計なことを考え始めると、途端に書けなくなってしまいます。せっかくの言語化能力が発揮できなくなってしまうようです。

2．メモを書く際、本の該当ページを探すと時間がかかるので、あえて何も見ずに書く

そのほうが頭の整理と言語化の練習になります。今読んで強く印象に残った内容を、自分の言葉で表現しなくてはいけないためですね。

読んでいる間も内容の理解に集中することで、大事なことを見落とさないようになります。

3．1ページ1分で書き切れない場合でも、せいぜい1分半くらいでさっと書き留める

時間を制限して急いで書くようにしていると、だんだんとそのスピードに慣れてきます。大抵の場合、時間制限せずに2～3分かけて書いても、1分で書いたものと大差ない内容になることがほとんどでしょう。

「人間、追い込まれたときのほうが能力を発揮する」という典型例だと考えています。

4．メモのタイトルは思いつく順、頭に浮かぶ順に書く

順番を意識して書こうとすると、頭が働かなくなり、途端に書けなくなってしまいますが、「何でもいいから浮かぶ順に」と思うと、頭も伸び伸び働くようです。

説明するときは全体の構造や体系が重要で、そうしないと頭にも入りにくいですが、思いついたことを書くときは頭に浮かんだ順を無理に変えようとしないことが大切だと思われます。

A4メモだと、思い浮かんだ順にどんどん吐き出していけばいいので、余計なプレ

ッシャーになりにくいです。

5．数ページメモを書いたら、机の上に並べる

メモを見ながら、「なるほど、こういうことを感じていたのか」「ふ〜ん、そうすると……」というふうに新たに思いつくことも出てきます。その数秒も大切な時間です。その本に関して、頭の中を最後にきれいにする感じです。

6．書いたメモはクリアフォルダにそのまま入れます

私の場合、書いたメモは「読書関連」フォルダを一つ作って入れています。これは3か月に一度全部出してさっと目を通し、6か月後にもう一度確認して終わりです。

3か月後見返すと、これだけの本を読み、これだけのことを自分が考えたのだという達成感があります。振り返りのなかで発見もあります。また、「やろう」と決めたことができているかどうか、確認もできます。

6か月後に読むときには、本で学んだこと、実践してみたいと思ったことなどが、頭の中で咀嚼《そしゃく》できており、問題意識も深まっています。

活用するための読書術③

読むときは1冊と決めて集中的に読む

ここからは、私が本を読むために「ルール」としていることを紹介したいと思います。

マッキンゼー時代は、必要な本をとにかく集中して読み、確実に身につける、ということを繰り返していました。アサインされてから2日で、必要な本はすべて読み、頭に叩き込む、という具合です。

結局、そこで学んだのは、必要な本であれば「集中して読む」ことが大事、ということです。いわば「集中読書」です。

なかなか「時間をとる」ことはむずかしいかもしれませんが、短い時間でも「集中」して読むことで、得られるものは変わってきます。

まずは、**「1冊」に集中して読む**、というお話からしていきましょう。

私は、もともと5～10冊の本を並行して読むことが多かったのですが、この方法だとまずい点が二つあります。

一つ目に、それぞれの本がなかなか読み終わらないため、最初のほうに読んだ内容を忘れがちになることです。何らかの思いと目的を持って本を読み始めているはずですが、それも薄らいでしまいます。

二つ目には、1冊を少し読んだら別の本の続きを読む、それに飽きたらまた別の本の続きを読む、という感じにどうしてもなってしまい、やるべきことを目前にしてもすぐに取り組めず、いつまでもだらだらと読書を続けてしまう、という問題です。「本を読むこと自体がいいことだ」という概念があるために、なかなか簡単に解決できない問題だと思います。

しかし、忙しい私たちにとって、仕事も読書も、プライベートなことも、それ以外の遊びも、どれも大切です。そのなかで読書が、目的も薄れたまま、だらだら続いて時間がたってしまうような状況は、できるだけ避ける必要があります。

なぜなら、全体のバランスが崩れ、悪循環が始まるからです。1冊がなかなか読み終わらないと、ストレスになります。ひどいときには、読書にかける時間が延びるだけで、その目的が果たされず、期待した成長もできず、仕事への貢献が少ないまま終わる。さらには、プライベートの時間が犠牲になり、精神的にも追い込まれることが増え、逃げの読書にさらに走ってしまう、ということもあるでしょう。

これを避ける方法としては、**読み始めた本は一気に読むように、読み方を変える**こと。単に読み方だけの問題なので、スキルではなく意識で解決できます。

私もマッキンゼーで仕事の本を読んでいるときは、1冊を頭から最後まで読んでから、次の本を手にとる、という形にしました。結局、そのほうが一つひとつの本の主旨が頭に入るのです。

やってみると、それまでの読み方がなんてだらだらしていたのだろうということを痛感すると思います。

活用するための読書術④

本はなるべく買って読む。基本書・古典は図書館でもよい

本はなるべく買って読むほうがよいと考えています。

一番の理由は、大切だと思ったところに線を引いたり、書き込みをしたりできるからです。限られた時間のなかで本を読むのであれば、その時間を最大限充実したものにしたほうがよいと考えています。

もちろん、「お金がかかるし借りることができるので、本は極力買わずにすませる」という方もいらっしゃるでしょう。ただ、外食をしたり、ときどきは飲みに行ったり、ショッピングをある程度したりしているのであれば、考え方次第ではありますが、本を月に数冊買うことはできるのではないでしょうか。

文庫・新書なら1冊500〜800円、ビジネス書なら1300〜1400円、平

均1000円とすると月4冊買っても4000円で、一度飲みに行くのをやめれば何とか捻出できる範囲かなという気がします（どうしても余裕がなければ、図書館という選択にならざるを得ませんが……）。

図書館で借りようとしても、人気の本は数か月から半年以上も待たされることがあります。**本は必要なとき、読みたいときに読むほうが、真剣な気持ちで読むことができます。**したがって、忙しいなかでも本から学びたい、という人は、できれば買うほうがよいと思います。人それぞれの価値観はありますが、個人的には、投資効果は十分期待できるものだと思っています。

図書館を積極的に利用したほうがよいのは、自分の読書量が足りていないと感じている方や、基本的な知識を身につけたいと感じている方でしょう。

確かに人気の本は順番待ちが長いですが、そうした本がよい本だとも限りません。むしろ、古典的なよい本は、待たずに借りられることが十分あります。**本を今まであまり読んでいなかった人が、急速に追いつくには図書館は役立つ**と思います。

活用するための
読書術⑤

本を買ったら積読せず、すぐ読み始める

書店にふらっと行くとどうしても2〜3冊買ってしまう、という人は多いのではないでしょうか。私もこの誘惑には勝てません。そのため、なるべく書店に行かないようにしていた時期もありました。

あるいは人に勧められて、また、ブログ記事などの紹介を見て、買ってしまったといったことで、読書が好きな人は、本が何かと増えていきます。私も、うっかりするとすぐ本が溜まり、積読になってしまう傾向にあります。

ここでの問題は、読みたいと思って買った本でも、数か月積読すると読みたくなくなることがしょっちゅうだということです。タイミングを逸すると、「今読まなくてもいいか」となり、「この本の後で読もう」となり、その辺りに積まれることになります。しかし、その後に買った本が上にまた積まれ、自分のニーズも変わり、読む気

持ちが失せてしまうのです。

どういう気持ちであれ、これは悪循環ですし、何より必要だと思って買った本の無駄です。買ったことで安心してしまう気持ちもあるでしょう。でも、「仕事に必要だ」「勉強しよう」と思っていたのに読まないわけですから、ねらったスキルアップにもつながりません。のど元過ぎれば、ということで、重要ではあるものの読む気が失せていきます。これは、ぜひとも阻止したいところです。

これを防ぐにはどうしたらいいのでしょうか。

私は、本に関する悪循環をストップするしかないと考えています。そのためには、新たに買う本は、買ったらその日に読むことにしました。逆に言えば、**「その日に読めそうになければ買うな」**ということになります。もしくは、**あらかじめ「読書時間」を設けているなら、その時間に必ずその本が読める、という予定が立つ場合だけ**本を買います。いずれにせよ、「買ったら読め、読めなければ買うな」ですね。

本は、スーパーの閉店間際にお刺身を買って帰るようなものです。その日に食べなければ多分だめになってしまいます。本は翌日だめになるわけではもちろんありませんが、自分にとっての鮮度は落ちていきます。また、次々に新しい本が入ってくるので、日ごとに処理しなければ対応できなくなってしまいます。買ってすぐ読んでしまえない本は、どんどん下に埋もれてしまいます。これはメールと同じです。あるいは書店の新刊と同じです。

溜まった「積読」をどう解消するか

これまでに溜まった本をどうするかが次の課題です。私はこの問題にいつもぶつかっていました。そこで対処法を紹介しましょう。

借りている本はある意味、気が楽です。思い切って返してしまえばいいからです。**「せっかく借りてきたのに。前から読みたいと思っていたのに」という気持ちは無視しないと、また山が増えるだけです。**

実際、わざわざ借りにいく手間をかけたのに、その後、読んでいないということは、緊急でも重要でもなかったということです。言葉や思いではなく、行動がすべてを語ってくれます。あえて言えば、「意味なく借りた」「無駄に借りた」ということになります。洋服でも「これいい！」と思って買っても一度も着ていないとしたら、無駄な買い物だった、ということです。再発防止をできるだけ図りたいところです。

買ってしまった本は二つに仕分けします。改めて吟味して、今見ても、やはり自分に必要だと思える本は最初のグループに入れます。これは、すぐに読んでしまうことに決め、それから数日間をかけて一掃します。金曜夜などに着手すると土日で終えることができるかも知れません。

しかし、それまでに読んでいないという意味では、やはり本当は「二の次の本」ということです。「しっかり最後まで読まなければ」と気負うよりも、**「読まないよりも、少しでも目を通したほうがよい」**くらいの感じで、思い切ってさっと読み、一掃してしまいます。

もう一つの「必要だと思えない」グループは、今まで読む余裕がなかったし、重要度としては相対的に低いと判断されるものです。自分がいいと思って買って、積読しているうちに必要がなくなったり、ちょっと違うかなと思ったりしたものですね。心苦しい点はありますが、積読一掃のためには仕方ありません。さっとブックオフやアマゾンなどで売ってしまうのも手です。

本をわざわざ買ったのに積読になってしまうことへの対策は「本を買ったらすぐ読んでしまう」ことに尽きます。

活用するための
読書術⑥

読みながらノートをとらない

本を読みながらノートをとる方も多いと思います。私も以前、ノートやB6京大式カードに書いていていました。

ただ、そうすると、何を書き留めるかを考えることに気をとられたり、また1冊読み終えるのに膨大な時間がかかるので、何年か続けた後、やめました。**そのときに書いた数十冊のノート、数百枚のカードはほぼ見返すことがありませんでした。**どこにいったかもわかりません。

ノートだから、カードだから、ということもありますが、何より、集中して読んでいるときにそれを中断して何十字か書き写し、また読書に戻る、というステップが結構時間をとります。さらに、集中、中断、集中、中断、という切り替えが気持ちの上で面倒でした。

ノートをとると確かに頭に入るとは思いますが、スピードがあまりに遅くなります。1冊読んでノートやカードにきれいに書くのに4～5時間かかったりもしますので、現代のスピード感にはちょっと合わないのではと考えているわけです。

また、本を読んで理解することよりも、きれいなノートをとることにどうしても意識が行きがちになるので、自分自身の経験からも、あまりお勧めできないと考えています。

読みながら書くノートの代わりとして、黄色のラインマーカーで大切な部分にどんどん線を引いていく方法がよいと思います。これで内容は結構頭に入ります。時間もかかりません。もちろん、図書館や人から借りた本には線は引けず、コピーもとりにくいので、最低限のノートはやむを得ないでしょう。

活用するための
読書術⑦

わからない部分があっても、戻って読み返さない

1冊を読み終わるのに、何時間くらいかかるでしょうか？

新書なら1時間、ある程度厚みと内容のあるビジネス書なら2時間を目指して、一度、読んでみてください。

コツは、戻って読み直さないことです。わからない部分があっても、読み直さない。読み直すよりも、全体を理解したほうがよいからです。


そんなに速く読めないという方は、「スピードアップ」のトレーニングも役立つかもしれません。


「本はできるだけ速く読めるほうがいい」

私もそう思って学生時代からいつも速読を心がけてきました。いわゆる速読術の本も何冊も読みましたが、身にはつきませんでした。

私が速く読めるようになったのは、本当に普通の方法です。

具体的には、1時間に何万字読めるかを常に目標とし、少しずつ速くしていきました。文庫や新書で1ページ何行で、1行に何字あるかを本ごとに数え、字数をカウントすることでスピードを実測し、向上を図るというやり方です。ページは、行に沿って一応最初から最後まで全部読んでいきます。この方法は、大学生の頃から社会人5年目くらいまで、かなり長く続きました。

これを続けると、本を開いた瞬間に、1ページに16行なのかもっと多いのか、1行に何字なのか、どこの文庫、新書か、などもわかるようにもなりました。ただし、速効性はないので、今考えると、やや微妙な努力でもあります。時間が限られているときに、実測したりする手間をかけたくない方も多いでしょう。

そんな方には、**「読み返さない」だけでも、かなり効果があります。**

努力の結果、今は、普通のビジネス書や新書だと1冊1時間程度、内容があって厚めのビジネス書だと2時間程度で読めるようになりました。ただし、そうするためには、戻って読み返さないことが重要です。「あれ？　どうだったかな」と振り返ると時間がいくらあっても足りません。それだけはしないようにしましょう。

徹底するには、「絶対、戻って読み返さない」と心に誓って最初から全部しっかりと読む必要があります。**1回目に全部そのまま理解してしまおうという姿勢**です。すると集中力も上がり、より精度の高い読書ができるようになります。

もし読み返すことが癖になっている方がいらしたら、なるべくやめるほうがよいと思います。本は、出版社の編集担当者が頑張って、普通の人なら読めば理解できるように作ってあります。頻繁に読み返すとしたらそういう読み方の癖、習慣があるのではないでしょうか。

ただ、確かに、むずかしい本、日本語訳が堅過ぎる本ももちろんあります。ひどいものは私は最初から選ばないようにしています。

私の今のスピードは速読ではありませんが、実用上、まあまあというところだと思います。少なくともこれでマッキンゼーなどで困ったことはないので、許容範囲でしょう。

だらだら過ごしていれば1～2時間はあっという間ですので、それを考えれば、短い時間内に多くの方の知恵をいただけるのは、大変ありがたいことです。

毎週1冊、月4冊読むとすると月に10時間もかかりません。そのくらいの時間は捻出できるのではないでしょうか。

活用するための読書術⑧

できるだけネットや電話を切り、集中して読む

本を読む際に大切なことは、集中して読むことです。**「ながら読み」は、内容の理解度の点からも読むスピードの点からも、決して生産性の高いやり方ではないので、できるだけやらないほうがよいです。**

決して趣味や習慣の問題ではなく、私たちの頭は情報の並行処理をうまくさばくようにはできていない、というだけのことです。

したがって、本を読む際は、ネットや電話を切るほうがいいと思います。

私も、**読書時間はできるだけネットを切っています。**

私は仕事上、ノートブックPCを1日中使っており、常にネットにつながっています。外出先、出張先などではWiMAXを無線LANで接続し、オフィスや自宅ではスピードが何倍も速い有線LANに切り替えています。読書のときは、LANケーブルを抜くことですぐに集中できます。

ただ、緊急メールなどもあるので、30分に一度は再接続してちょっとチェックします。大事なメールを待っているときなど、場合によっては15分程度でチェックするほうがよいこともありますが、それでもこまめにLANケーブルを抜いたり入れたりしています。

スマートフォンでメールチェックなどをしている方も、十分可能なことだと思います。

実はこのやり方はこの1年ほど、本を書くときにあまりに集中できないので始めた方法ですが、結果は非常によいので、ぜひ皆さんにもお勧めしたいと思います。本を読むだけではなく、日中メールを書くなど、普段、短時間でも集中したほうがよい場合にはぜひこまめにネットを切ってみてください。

常時接続が当たり前になってしまった時代だからこそ、集中するための工夫が必要だということです。深夜、早朝などメールがあまりこない時間帯でも、ネットを切るのと切らないのとでは、確実に集中力が変わります。

電話は許容範囲に応じて着信音を切ろう

電話はさすがに緊急連絡があるので、長時間切ることはできません。15分あるいは30分など、職場や立場による許容範囲に応じて、着信音を切るのがよいと思います。

考えてみれば、通常でも会議中はメールに返信したり電話に出たりはできませんので、**1時間音信不通になって困ることは、実はほとんどありません。**集中するためにネット・電話を切ることは、読書に限らず大切なことだと考えています。

ちょっと大げさな表現に感じるかも知れませんが、ネット・電話を切ると、緑のきれいな公園を散歩するような爽快感と安心感があります。

なお、音楽がかかっているほうが集中できるという方もいらっしゃるようです。私は受験勉強もそういうやり方はいっさいしなかったし、しないほうがよいと考えています。気分が乗らないとか、周囲の雑音を消したいということのようですが、私たちの頭は情報の並行処理ができません。慣れもあるでしょうが、これについては、慎重に考えるほうがよさそうです。

活用するための読書術⑨

「なぜこの本を手に取ったのか」を意識すると、頭に入りやすい

読んだことをすぐ理解して消化できるのは、忙しい私たちにとってありがたいことです。ところが、本を読んですっと頭に入る場合と、なかなか入らない場合がありまず。入らない場合はどんなに集中しようとしてもうまくいきません。

そうこうしているうちに眠くなったりします。何とかうつらうつらせずに読み終えても、そういうときはあまり記憶に残らないので、本を読んでいる時間も、消化不良で読んでしまった本ももったいないです。もう一度読み直すのも今ひとつです。

どうすれば、いつも素早く頭に入れることができるのでしょうか。

やはりこれは、**好奇心と問題意識に基づいて本を読んでいるかどうか**にかかっています。自分がすごく好きな映画や、強い関心を持っている分野のテレビ番組を見なが

ら寝てしまう人はあまりいないでしょう。早く終わらないでほしいと思いながら、ワクワクドキドキしながら、1分1秒を楽しみますよね。

本も同じで、ワクワクして読めるかどうかが非常に大切で、そのためには好奇心や問題意識を刺激されるような本を読むことが不可欠です。決して苦行であってはいけない。我慢して読むものであってはいけない、と思います。

問題意識を維持させるには、**読む前に「この本で何を得たいのか」「なぜこの本を自分は手にとったのか」を明確にしておく必要**があります。それだけで集中力や吸収力が上がり、目に飛び込んでくる文字が変わってきます。

「そうしたいのはやまやまだけれど、そこまで好奇心や問題意識を持てない場合はどうしたらいいのか」という疑問のある方も多いでしょう。

まず一つ言えるのは、**「問題意識を持てない本は買っても意味がない」**ということです。読んでいても面白くないし、何も頭に入ってこないのであれば、それこそ時間のムダです。

さらに深刻なのは、何に対しても「問題意識を持てない」ということです。「問題意識」も「目的意識」もなければ、成長が止まってしまいます。また、何より毎日が楽しくありません。

では、どうしたらそういう目的意識を持てるようになるかです。「これをやりたい」「自分はこうなりたい」「むずかしいかも知れないけれど、あんなレベルになりたい」という目的意識があれば、その実現のため、自然に強い好奇心や問題意識を持つことができるようになります。

一番いいのは、**意識の高い人にときどき会い、機会があれば何か一緒にやらせてもらうこと**です。同じプロジェクトに参加することができればベストですが、そうでなくても、数か月に一度会って、色々話を聞くことができると大変刺激になります。人のエネルギーレベルには大きな差があり、すごい人は本当にすごいです。私はマッキンゼー時代によくこの方法を使っていました。明らかにすごい同僚、先輩を食事に誘い、刺激を受けるというやり方ですね。

もう一つの方法は、**仲間を募って何かのプロジェクトに一緒に取り組むこと**です。

仲間がいれば、自分が少し怠けがちなときでも、誰かやる気を出しているので、チームとして高い目的意識で動くことができます。

このどちらも、実践していると、いつの間にか、自分もエネルギーレベルが高くなり、だんだんと人に頼られるほうになっていく、という点が重要です。つまり、人に頼っているうちに刺激を受けて成長し、それなりにエネルギーレベルが上がり、自分でどんどんリードする側になり、ついには頼られる側になっていく、という成長ステップがあるということです。

こういったプロセスのなかで、自分の好奇心や問題意識を刺激するようなことは、できるだけ経験したり試してみたりするとよいと思います。経験して初めて、好奇心も問題意識も大いに刺激されますから。

たとえば、私であれば、1年半前に突然、AI・人工知能に関心を持ち始めました。もともと理系ですので、その分野には潜在的に関心があったのですが、なかなか結果につながらないだろうということで、それまでは、あまり注意していませんでした。

関心を持ち始めてすぐ、湯川鶴章さん主催の「湯川塾」で人工知能、機械学習などを集中的に学ぶ勉強会があることを見つけ、3シリーズ連続で参加させていただきました。

その勉強会では、毎回この分野に関心の強い人が十数名集まり、専門家からのプレゼンを聞いて議論をすることができました。

連日連夜、人工知能、機械学習、深層学習、IBM Watson、Machine Learning、Deep Learningなどのキーワードで届く記事を、英語、日本語問わず読み、関連する本を読み、プレゼンも何度か行ない、この分野で高い技術を持つベンチャーの支援もすることになりました。

関心がなかった状況から一気に火がつき、それを活かして好奇心と問題意識を刺激した、という例ですね。

また、他の例では、3Dプリンターに関心を持ち、展示会に参加したところ、非常に興味深いプレゼンをしているグループに出会い、結果としては3Dプリンティングを主体とするベンチャーの共同創業に参加させていただくことにもなりました。このとき、3Dプリンティングやデジタルファブリケーション関連の本を何冊も読み、一気に知識レベルを上げ、理解を深めました。

人に会ったり、初めての場所に出かけたりすると、興味・関心が急激に強まり、かつ広がっていきますね。**それをさらに本で広げてあげると、より深い知識が身につきます。**するとと、仕事の幅が広がったり、自分の行動範囲が広がり、好循環が生まれます。

好奇心と問題意識を刺激できそうな機会には積極的に参加したり、そういう機会を作ったりすることがお勧めです。

活用するための
読書術⑩

本棚の整理に時間をとらない

読書が好きな人は、だんだん本が増えていくため、どうしても本棚の整理に時間をとられるのではないかと思います。

私も以前、自宅の本棚の整理にはずいぶん時間をとられていました。サイズでそろえたり、カテゴリーでそろえたり、この本とこの本は隣り合わせがいいと並べ替えたり、また戻したり、文庫だけで並べてみたり、新書だけで並べてみたり、いい本は右上から並べるとか、やはりカテゴリーごとに並べるとか、しょっちゅうでした。

このワナからは一刻も早く脱出する必要があります。自分で何としてもコントロールしてストップしないと、莫大な時間の無駄になります。

答えの一つは、**「整理をいっさいやめる」**ということだと思います。個人では何千冊もあるわけではないので、一応立って並んでいる限り、必要な本が見つからなくなることはありません。そこにあればいいというだけです。

私は今、この形に近くなりました。本はインテリアではないので、どう飾ろうが、どう並べ替えようが、ほとんど意味がないと割り切ることにしました。

日々忙しく、またそれが楽しいことが多いので、**「本棚の整理などに時間をかける気もしない」**という心境にようやく達したところです。本棚の整理という呪縛から少し解き放たれたように思います。

ただし、電子書籍がさらに普及していくと、部屋の一角に目に見える形で置いてある本棚の位置づけも大きく変わっていくことでしょう。

第4章

できる人は、読んだ本をどう活かすか

確実に成長するための「チャレンジシート」

読書を行動につなげる①

本を読む時間を制限し、アウトプットの時間を多くとる

ある程度本を読めるようになったら、今度は本に時間を費やすのではなく、より「アウトプット」に力を注ぎましょう。

仕事が忙しいと本を読む時間を確保することはかなりむずかしいわけですが、一方、本を読み始めたら今度は他にやるべきことを放置して読み続けてしまうこともよく起きます。

私はいつもなかなかエンジンがかからないので、週末に片づけようとしていたことなどつい後回しにしてしまいます。いったん本を読み始めてしまうと「今日は金曜の夜だから、まあいいか。あと丸2日あるし」ということで、以前は必ず読書にはまってしまっていました。

積極的読書というより、消極的読書、あるいは逃げの読書ですね。いつも嫌な気分

で読書にふけっていたということです。

金曜の夜に飲み会があって遅くなったりすると、土曜日の午後あるいは夕方になってようやく仕事を片づけようかという気になりかけても、「まだ土曜日も半日あるし、日曜も丸々ある。だからまず本を読もう。どうせ読まなければならないし」というような感じで結局、本を読んでしまいます。

この誘惑は大きいです。「まだ土曜日も半日ある」と思うと、気が大きくなって本当は優先順位の低いことに時間をかけてしまい、後悔します。「消極的読書」「逃げの読書」はあらゆる意味で、非常に損です。インプットとアウトプットのバランス、「本からの情報」と「リアルな人との接触」とのバランスが悪いからです。

そこで、本を読む時間をスケジュールに入れると同時に、**むしろ制限することも同じく大切**だといつも痛感していました。そうしないと、週末はあっという間に過ぎてしまい、本は読めたものの、他にやるべきことができず、イライラしながら次の週の始まりを迎えることになるからです。

本を読む時間を制限する上で、私にとって一番うまくいった方法は、**「月に読む冊数を決めたら、それを超えて本を読まない」**ということでした。そして、「本はもう十分読んだ、本に逃げ込むのはやめよう」と心に言い聞かせることでした。

誤解を恐れずに言えば、ある程度本を読んだ人は、ならせば週1冊程度で十分ではないかと思います。よい本は常に無数にありますが、それをひたすら読むよりも、読んだ本の内容をできるだけ吸収して格段に成長すること、アウトプットすること、他の情報源から吸収することなどが大切だからです。

今までに300冊は本を読んでいる、ある程度読書習慣がついたという方は、今度は「制限」して、アウトプットの時間を作ることを考えてみましょう。

「読書」と「アウトプット」の関係

では、「本を読む時間を制限し、アウトプットの時間を多くとる」の後半の部分を少しご説明したいと思います。

本で生まれるアウトプットには何種類かあります。

1．仕事での成果を出す

何といっても、仕事でより大きな成果を出すことができれば、それに越したことはありません。

仕事の成果で何より必要なのは「スピード」と「質」です。

夜や週末に片づけないといけない仕事がある場合は、それを素早くやり終えるようにしていきたいですね。あさってまでの報告書、来週までの企画書など、早めにいったん完成させて修正を繰り返すほうが、はるかにストレスがなく、よいものに仕上げられます。

そのための時間をまず確保すると、前倒しができ、確認すべき人にも早めに確認できるので、何かと好循環が始まります。

したがって、仕事での成果を出すためには、

①仕事の抜本的なスピードアップ
②コミュニケーション力の改善、調整力の強化
③プロジェクトマネジメント力の強化
④資料作成能力の向上

⑤やる気の維持

などが鍵になります。この各分野での自分の課題解決を助けてくれる本を読み、スキルアップしていくことが大切です。そのためには、後で詳しく述べる「チャレンジシート」が役立ちます。

2．ブログを書く

目の前の仕事に埋没していては本当に大きな仕事ができません。何か外部に発信していく必要があります。比較的手軽にできる方法の一つがブログを書くことです。

後で説明しますが、自由になる時間のかなりを読書にあてるのではなく、その時間の半分をブログを書くことにあてたほうが、よほど全体としての生産性が上がり、好循環が生まれます。

3．講演をする

何かの分野において、第一人者になりたい方、独立を考えている方にお勧めです。

自分の専門分野、あるいはこれから専門分野にしていきたいと思う分野で講演をすると、自分の知見が大変よく整理でき、評判形成もでき、素晴らしい人脈も作れ、やる気もさらに高まるので、一石四鳥です。

自分が講演するようになるとは思えない、という方も多いと思いますが、メリットも大きいので、チャレンジのための準備はしておいてよいでしょう。

講演というと大層なもののように思えますが、

・関心のあるキーワードをネットで検索し、記事を100～200本読む
・関係する本を10～15冊程度読む

だけでも、何とか講演できるだけの知識は身につきます（一つのことについての知識を集積している人は、世の中にはあまりいないので、ある程度まとまった努力をすると、状況によっては講演できるだけの力がつくのです）。

一方、仲間うちではなく、多くの人の前で講演をしたい場合は、ハードルが上がります。誰かに依頼されなければ講演の機会を得ることはできません。

では、どうやったら講演を依頼されるようになるのでしょうか。たとえば、次のステップが考えられます。

ステップ1：5年後の目標を踏まえて、「1年後、自分はどういう人になりたいか」「どういう評判を得たいか」「どういう場でどういう講演をしたいか」「具体的にはどういう講演タイトルをねらいたいか」「その講演に関してどういう人がすでに講演しており、競合になるか」を1ページに整理します。

ステップ2：その目標に向かって、本を読むと同時に、関連分野のキーワード数十個をGoogleアラートに登録し、毎日記事を見て、徹底的に知見を深めます（第5章で詳述します）。

ステップ3：自分のブログに書くブログタイトルを20個ほどリストアップします。このとき、ステップ1で整理した「具体的にはどういう講演タイトルをねらいたいか」に沿って、講演会を企画しているコミュニティの幹事、事務局、セミナー企画会社の担当者などにアピールしそうなブログタイトルにします。

ステップ4：ブログを週1〜2本書きます。もともと自分の専門分野あるいはそれに近い分野であり、毎日相当量の記事を読んでいるので、知見はどんどん整理できているると思います。それを３０００〜４０００字のブログに書きます。

後で紹介する読書後のブログでは２０００〜３０００字でと、説明していますが、専門性や知見の深さをアピールするには少し文字数が足りません。講演させてもらうことを考えるなら、４０００字あればかなり読み応えのあるブログ記事になると思います。

読書を行動につなげる②

読んだらできるだけ人に話す。会話のトレーニングにもなる

本を読んだら、できるだけ人に話すのがいいですね。

話そうとすることで自然にポイントがまとまります。また、相手の質問に答えることで、いっそうそれが整理されます。

話すときは、できるだけストーリーとして印象に残るように話すのがコツのようです。

実は、私はもともと、本の内容や面白い出来事を人に話すのが苦手です。紙に箇条書きして説明したり、仕事がら報告書をまとめて現状の問題点や解決策をプレゼンするのは得意ですが、空で話すのがあまりうまくできません。

話しながらもっとうまい話し方があるのにとずっと気にしながら話すので、すっきりしませんし、本当は詳しく説明するともっと面白く伝わるエピソードなども中途半端に端折ったりしてしまいます。うまい人は絶妙にまとめるので、大きな差を感じて

いました。

なので、練習もかねて、本を読んだらなるべく人に話すようにしました。続けることで少しずつ慣れていきます。慣れれば、徐々に余裕も出てきます。

本の内容を伝える際にも、「マーカーで線を引くこと」と「メモ」は役立ちます。この二つを行なうことで、**大切なポイントはある程度以上頭に入っています。**したがって、そこを中心に話せばよいでしょう。ただし、その部分だけを話しても相手は意味がわかりません。

自分にとって価値があるから線を引いたりメモを書いたりしたわけですが、話を聞く人に対しては全体観を伝えないと理解しづらくなってしまいます。そのため、**内容を補ったり時系列で説明したりして、なるべく雰囲気が伝わるようにしています。**

たとえば、89ページの『アジアをつなぐ英語』なら、

「『英語』という一つの言語があるわけではない」（伝えたいメッセージ）

「どの国でも自分たちが使いやすいように英語をルール化して使っている」（補足＝

「なるほど」と思ったこと）

となります。

そこで、

「この本で、『英語』という一つの言語があるわけではないということを知って驚きました。どの国でも自分たちが使いやすいように英語をルール化して使っているそうです」（伝える文章）

といったようにまとめます。

話すことが苦手な人はぜひやってみてください。苦手意識が少しずつなくなり、相手の反応もだんだんよくなってきます。そうすると自信もつき、いつの間にか好循環が始まっていきます。

「他人の感想」を聞くことで、考えの振れ幅を考えられるようになる

本を読んで人に話すメリットは、他にもあります。

人に説明すると、自分が思ってもみなかった感想が返ってくることがあります。「こ

れはもちろんこうだよな」とか「こうに決まってるじゃん」と自分にとっては明らかなのに、人の反応はずいぶん違うことがあります。

「自分が当然こうだと思い込んでいることが決して当たり前ではない」と知ることは勉強になります。人への理解が深まり、相手の考えの振れ幅を考える癖がつきます。人間関係やコミュニケーションの仕方などへの知見も深まります。

特に、読んだ本に関しては、ある程度の全体観を持って会話ができるので、相手の知識や価値観、自分と相手との相違やその理由などもよく見えてきます。本の話をすることで、普通なら見えない部分、あるいは理解に時間のかかる部分が早く透けて見える感じですね。こういう機会はそれほど多くないので、貴重です。ぜひやってみてください。

読んだ本の感動した内容、「これは面白い」と思ったことを友人に話すことで、頭が整理され、説明にも慣れ、よりうまく説明できるようになり、というふうに、どんどん好循環が続いていきます。

読書を行動につなげる③

一緒に読んだ仲間とあれこれ議論する

本と期間を決め、仲間を募って競争して本を読むと、忙しくても本を読めるようになるとお勧めしました。せっかくなので一緒に読み終えた仲間と感想を投稿するだけではなく、あれこれ議論するとさらに楽しいし、より深く読めるようになります。

実際に集まることができればベストです。20〜30分でも、ものすごく刺激になります。仲間が同じ会社なら朝30分早く来るとか、お昼休みや夕方などにも時間をとれますよね。

「自分はこう思った」
「ここが一番よかった」
「ここに感動した」

「ここがよくわからなかったんだけど、どう思う？」
「この著者は何を考えてこの本を書いたのだろう？」
など、ごく短時間にそれぞれの意見や質問をぶつけ合うと、本への理解が一気に深まります。自分の意見を持ったり、自分の意見を言うという格好の訓練にもなります。

会社で意見交換の会を開いてわずか2度目で、後輩が自分の行動について考えられるようになったと喜んでいらっしゃる方がいました。**「今まで、いつも答えを求めてきた後輩が、本を読むことで自分がどのように行動すればよいのかを考えるようになった」**とのことです。ある程度素地があったのだろうとは思いますが、明らかに読書がきっかけになっており、実際に目覚ましい変化が起きたことは間違いないようです。

実際に集まることができない場合、第2章で述べた「アクションリーディング　行動するための読書」という、私が主宰者であるFacebookグループ内で意見交換できます。リアルの場ではありませんが、その分、わざわざ集まらなくても全国各地から参加できます。私もできる限りコメントさせていただきます。

ネット上の意見交換は一般的には炎上することが結構ありますが、Facebookはほぼ大丈夫です。実名制であり会員制であるため、インターネット上で頻発する中傷、罵倒、煽りがないためです。

微妙な発言、悪意ある発言をする参加者は、主宰者である私がすぐにFacebookグループから削除しますので、安心して感想を投稿し、意見交換していただくことができます。

読書を行動につなげる④

読んだら「チャレンジシート」に書いて宣言し、実行する

本を読んで人と話したとしても、行動しなければそこで終わってしまいます。本を読めば、確実に知識が増えたり、賢くなったりしますが、**行動に移すことで読書の価値はさらに高まります。**

私も今までに出版した本については、できる限り「行動」に移せる仕組みを作っています。

たとえば、拙著、『もうこれで英語に挫折しない』（祥伝社）では、3か月間自分の大好きな分野、関心の強い分野で英語の情報収集をし、Facebookグループ内で目標発表や進捗報告をしたり、その結果を7月末、11月末、3月末に全国各地で同時に開催する「二度と英語に挫折しない会」に持ち寄って、お互い好きなことを言い合う仕組みを作っています。日本人にとって英語の勉強は苦痛ですぐ挫折してしまいがちで

すが、こうやって仲間を作って必要性を高めてやればこれまでよりははるかに行動に移しやすくなります。

もちろん、一人で読んでいても、司馬遼太郎の『坂の上の雲』(文藝春秋)を読んで感動し、自分も大きなことにチャレンジしたいと立ち上がったりすることもあるでしょう。

いずれにせよ、本来、本には行動に移したくなる力があります。読まなければそういう力も発揮できないので、ぜひとも読んで実践していただければと思います。

そうは言っても1冊読んだら、行動に移す前に、すぐ次の本に移ってしまう方が大半ではないでしょうか。読書ブログや読書感想文はありますが、読んだ1冊をもとに、自分は何をどうするのかしっかり書く人はあまりいません。

この点を抜本的に改善しようということで**「チャレンジシート」**を作りました。これは、http://www.sbcr.jp/tokuten/dokushoからダウンロードできるようになっています。

本を1冊読んだら1ページ作成します。本それぞれでどういう発見があったか、自分の行動をどう変えるのかを書き、どのくらい実行していったか確認をします。月4冊読んでいったら、年間48枚のチャレンジシートができます。すべて一つのファイルで、最新のページを上に足していくとよいと思います。

チャレンジシートは次ページ図4－1のように四つに分けて書きます。

それぞれの項目について、説明しましょう。

1．この本を読んだ目的、ねらい

文字通り、この本を読んだ目的、ねらいを端的に書きます。これを書くことで自分がなぜその本を選んだのか、当初どういうねらいで読もうと思ったのかが明確になります。

私もそうですが、本を読んでいるとき、「なぜこの本を買っちゃったのかな」とか、「この本を読んでいていいのかな」と思うことが結構あるのではないでしょうか。「この本を読んだ目的、ねらい」を改めて書くことでそういうぶれをなくしていきます。

図4－1　チャレンジシート

チャレンジシート（書名：　　　　　　　著者：　　　　　　）　年　月　日
名前

1. この本を読んだ目的、ねらい

-
-
-
-

2. 読んでよかったこと、感じたこと

-
-
-
-

3. この本を読んで、自分は今から何をするか

-
-
-
-

4. 3か月後には何をするか、どうなっていたいか

-
-
-
-

2. 読んでよかったこと、感じたこと

ここには本を読んでよかったと思うことを飾らずに書きます。あるいは「この本を選んで失敗だった」ということでもいいです。ここを数行書いておくことで、後で見ても本の価値がすぐに思い出せます。

本を何冊も読むと、どうしても「あれ、あの本って何だったっけ」と思うことが多いですよね。そのためです。

3. この本を読んで、自分は今から何をするか

本書では、本を読むことが目的ではなく、あくまで自分の仕事や夢を実現する手段としての読書をしようと提唱しています。

読書がよいことだという固定観念がかなり強いため、実際には本を読んで何も変わらなくても、あるいは本を読むことで本来とるべき行動が後回しにされても、仕方がないという風潮があります（仕方がないという以前に、問題意識がほとんどないかも知れません）。

それを打破するために、本を読んだ直後に「この本を読んで、自分は今から何をするのか」を書いておきます。2〜4項目、できるだけ具体的に書くのがコツです。「あ

れ？　どうしてこんなことを書いたのかな」と後で思わないように、ものによっては、なぜそれをすべきと思ったかにも少しふれておきます。

ここはある意味で、その本に時間とお金を投入したことに対して、「本を読んで自分はこうする！　こう変わる！」という自分自身への宣言です。仲間を作って本を読み感想を投稿する場合は、この部分も仲間に宣言すると、「絶対やらなくては」という意識が高まり、なおいいですね。

いわゆる読書感想文などとは大きく異なるところです。

4．3か月後には何をするか、どうなっていたいか

右下には、この本を読んで行動した結果、3か月後には何をしたいか、どうなっていたいかを書きます。チャレンジシートは読んだ本1冊ごとに書きますので、この部分が成長に直結する重要な内容になります。

さらに、パワーポイントで各ページを確認したり、印刷して持ち歩いたりすることで、自分にとってもかなり刺激になり、行動しやすくなると思います。

154ページは、実際の記入例です。野口悠紀雄さんの『仮想通貨革命』（ダイヤモン

ド社）を読んで書いたものです。慣れると5〜6分で書けると思います。これを書くことで、本の読みっぱなしが劇的になくなります。

「本を読むことはいいことだ」「何でもいいから1冊でも多く本を読みたい」という、これまでごく普通だった、ほとんど行動にまったく結びつかない読書ではなく、1冊1冊を厳選して、必ず行動し成長するためのきっかけになります。趣味や受け身の読書ではなく、成長するための手段であり、成長するためのステップになります。

チャレンジシート記入後のレビューの仕方についてご説明します。

1．チャレンジシートは一つのファイルにページをどんどん追加していくと説明しましたが、それだけではなく、最新の20ページほどは印刷してフォルダに入れ、常に持ち歩くのがよいと思います。20ページとは、月4冊で5か月前の分までですね。

2．これを週1回、日時を決めて振り返ります。たとえば、毎週金曜の夜寝る前の15分と決めて振り返るというのはいかがでしょうか。金曜の夜にレビューすると、「あ、これをやっていなかった」「これももう一度やろう！」「そういえば、こういうつも

著者：野口悠紀雄）

2016年4月30日
赤羽雄二

3. この本を読んで、自分は今から何をするか

● 仮想通貨革命、通貨革命、ブロックチェーンなどについて継続して勉強する。最先端の動きに遅れないよう、関連する日本語・英語の記事を全部読み、できれば海外のカンファレンスにも参加する

● ブロックチェーンが色々な決済、特許、契約書などの流通をどう根本的に変えるのか、その基本を理解し、他の応用を体系的に考える

4. 3か月後には何をするか、どうなっていたいか

● 仮想通貨革命、ブロックチェーンなどの動きについてはほぼ全部把握し、人に説明できるレベルになっていたい

● 可能であれば、社会、産業に与える影響についてブログを5〜6本書き、ちょっとした講演を依頼されるようになりたい

● ブロックチェーンのベンチャー数社とコンタクトをとり、実態を把握したい

● できれば、ブロックチェーンでの起業を考えているエンジニアと出会って、支援を開始したい

図4−2　チャレンジシート書き方例

チャレンジシート（書名：『仮想通貨革命』

1. この本を読んだ目的、ねらい

- 仮想通貨やビットコインが一体なぜ、どうやって使われるのか知りたかった
- ブロックチェーンが産業にどういう影響を与えるのか、これから何が起きるのかを知りたかった

2. 読んでよかったこと、感じたこと

- 仮想通貨の最新状況が初めてよくわかった
- 特に、ブロックチェーンがただのビットコインだけではなく、あらゆるデータマネジメントに大きな影響を与えることがわかった
- 通貨は通貨と思っていたが、大きな欠点があること、通貨革命が社会を劇的に変えそうであることがわかった

りで本を読んだのだった」というものが多数見つかります。土日には余裕があるので、それを実施することができます。

3. これ以外にも週1回程度、時間がちょっと空いたときなどに数分間振り返ると、期間を決めて一緒に読んだ仲間の感想やディスカッション、また本を読んだときの感動などが思い出せます。やろうと決意したことの背景も、ありありと浮かび上がり、心の整理と行動促進につながります。

4. 3か月に一度、たとえば3月末、6月末、9月末、12月末という四半期末には、記入後3か月以上たったチャレンジシートの右側の記入項目「3. この本を読んで、自分は今から何をするか」「4. 3か月後には何をするか、どうなっていたいか」の各行に対して評価をします。

◎：非常によくできた
○：ぎりぎり達成
△：あまりできていない。結果につながっていない
×：まったくできていない

これは、印刷している手元の紙に対して手書きで記入し、ある程度まとまったときにはファイルの該当ページにさっと記入しておきます。できれば、Facebookの「アクションリーディング　行動するための読書」にも状況を簡単に投稿して共有していただければ、皆の励みになると思います。

読書を行動につなげる⑤

読んだら、ブログに書く

本を読んだらできるだけブログに書くのが、何といっても効果的です。理解が非常に深まりますし、そのブログを読んだ人からのフィードバックもあり、一人で読んだだけでは到底得られない刺激になります。ネットワークも広がり、想定を超えた好循環が始まります。

ブログを書き続けようというモチベーションの結果、よい本をいつも探すようになり、読み方も丁寧になります。

また、著者の方と直接コンタクトがとれるきっかけになる可能性もあります。私も、素晴らしい紹介記事を読んでそのブログ記事の筆者にコンタクトをとったことが何度かあります。

もちろんブログを書くことに時間をとられ過ぎては、本を読んだり行動したりできなくなってしまうので、**2000〜3000字程度の短めのブログで十分**です。

フォーマットも**テンプレート**（次ページ図4－3）を作っておくと、早く書けます。私はこのようなテンプレートを使って、タイトルを決め、4〜6項目の小見出しを決め、それからできるだけ短時間で書くようにしています。

このテンプレートを使ってブログを書き始めたところが161ページ図4－4です。タイトルを決め、メッセージと流れを考えて小見出しを決めます。その上で、それぞれの小見出しの中を1〜2行ずつ書いて、それが書き終わって全体がうまく流れることを確認できたら、上から一気に仕上げていきます。

たとえば、タイトルについては、その本で一番印象に残ったことを入れておきます。その後、それにつながる話題を小見出しとして4〜5項目ほど置き、説明を入れてアウトラインが終わる、といった具合です。

言葉を選ばず、思い浮かぶまま書いていくことがポイントです。文章にしようとするとすぐにできないという方でも、Ａ４メモならやりやすいと思います。

私は書くのがあまり得意でないため言葉がなかなか出てきませんが、速い方は30分くらいでできるようです。

図4−3　ブログのテンプレート

タイトル
小見出し
××
小見出し
××
小見出し
××
小見出し
××
小見出し
××
ご意見、ご質問は、akaba@b-t-partners.com までお気軽にお寄せください。すぐにお返事します。

図4−4　テンプレートを利用して書いたブログの骨組み

「本を読む」から「本で行動する」へ

本を読むことがよいこととされてきた

これまで、本を読むことは知識・知恵がつき、非常によいことだとされてきた。

実際は本をこれ以上ただ読み続けるより、行動に活かすべき

本をほとんど読んでこなかった人は、本をある程度の量、読むことがどうしても必要である。

ただ、かなりの量を読んできた人にとっては、読む量をほどほどに制限して、行動に活かすほうがはるかに費用対効果が大きい

やる気を維持できるように仲間を募って読む

Facebookでの「アクションリーディング　行動するための読書」

読んだらチャレンジシートに記入し、振り返る

ご意見、ご質問は、akaba@b-t-partners.comまでお気軽にお寄せください。すぐにお返事します。

こちらなどは大変参考になります。

『30分で3000字書くためにぼくがやっている4つのこと』

http://www.outward-matrix.com/entry/2016/02/15/191733

この方は、素早く書くために大事なこととして、次の四つを挙げています。

- **自分の心が大きく動いたテーマを選定する**
- **おおまかな流れを事前に作っておく**
- **豊富な具体例を使う**
- **タイマーをセットして自分を追い込む**

これで、3000字の文章が、誰でも30分で書けるようになる、というわけです。

この方は速いだけではなく、文章が非常に読みやすく、かつユーモアに富むので素晴らしいと思います。このへんになるとセンスが影響するので、どうやってそのセンスを身につけるのか、いつも研究していますが、ブレークスルーがちっともやってきません。

読書を行動につなげる⑥

読んで半年ほどしたら再読する

私は、読んだ本を**半年ほどたったところでなるべく再読するようにしています**。再読する理由は、よい内容をよりしっかりと把握し、自分のものとするためです。短時間で読めるので、お勧めです。その昔には、「読書百遍 意自ずから通ず」という「乱読を戒め、熟読が肝心である」と説いた言葉もあります。忙しい今の時代でも、せめて2回くらいは読むほうがいいだろうという判断です。

再読の仕方は2種類に分けています。

素晴らしいと思った本は、再読時に全ページ読みます。記憶がもちろん残っていますので、かなり速めに読めます。黄色のラインマーカーで線をたくさん引いてあるので、そこはよりはっきり目に入ってきます。

そこまでではない本は、線を引いたところだけを読んでいきます。折った耳をたどっていけば10分かからずに読めます。

読みたい本がたくさんあるなかで再読するのは結構迷いも生じますが、やはり大事なので、心を決めて読みます。

どちらもチャレンジシートを取り出して横に置いておくと印象が強くなるし、本の選択や行動への意味合いもより明確になります。

ただ、月10冊以上読んでいた頃も今も、再読した本は読んだ本の数には数えないようにしています。所要時間がまったく違うからです。

第5章

ムダな本で時間を費やさないために

読むべき本が自然に寄ってくる「情報感度」の高め方

情報感度を高める読書①

30代になるまでに300冊、その半分は小説を読む

本好きな方は中学、高校時代から30代になるまでに多分800〜1000冊以上は読んでいるのではないかと思います。

13〜29歳の17年に月4冊なら約800冊、月6冊なら約1200冊ですね。私自身を振り返ってみると、小学校高学年、中学、高校時代が月4冊、大学以降は月10冊以上を必達目標にしていたので、1800冊くらいだと思います。

これは本を読むのが好きだからできたことではありますが、最近はスマートフォンの普及とLINE、Twitter、Facebook、YouTubeあるいはゲームなどの影響で、学生時代〜20代で本をほとんど読まない方がかなり増えたようです。

私は年間数十回、講演をするので、学生や20代の方との接点がかなり多く、そのたびに「今までに読んだ本は全部で何冊？」という質問をするのですが、数十冊以下と

いう方がかなり多いので驚きます。

「そんな馬鹿な」と思って聞き返すのですが、決してウソを言っているとか、過少申告しているということではないようです。つまり、本を読むという習慣がなくなってきたとしか言えないような状況です。本を読む習慣がなくなり、本を読む時間もとれないということのようです。


本を読む習慣がぐんと減り始めたのは、ネット環境ができる前のファミコン世代からとも言われています。最近、こういうお話も伺いました。

「今年で42歳になりますが、小学生のときにゲームウォッチ、さらにはファミコンというモバイルゲームが登場し、読書の醍醐味を知る前にそれらの強烈な魅力に負けてしまいました」

まさにそうですよね。私自身の経験と合わせて考えても、読書量は平均で5～10％減どころではなく、数分の一以下に減っていると思われます。


本を読まない人が増えたということは、前半で詳しく述べた読書のメリットをまったく享受していない人がそれだけ増えた、ということです。

つまり、

①知識があまり増えず、知らないことを学ぶこともあまりなく、
②視野があまり広がらず、
③深い知恵にふれることなく、
④人の気持ち、痛みがわかるようにもならず、
⑤コミュニケーション力があまりつかず、
⑥想像力が刺激されることもなく、発想が豊かになることもなく、
⑦洞察力、推理力が強化されることもなく、
⑧仕事ができるようにもならず、
⑨やる気もあまり出ず、
⑩楽しいこともあまりない

ということになります。もちろん、読書以外にこれらを身につけることがまったくできないわけではありませんが、短時間に効率よく吸収することは簡単なことではありませんし、読書に代わるものはあまりありません。

だからこそ、読書が古今東西、ここまでもてはやされてきたわけです。「彼は読書家だ」「彼女は本をよく読む」というのは褒め言葉であり、本を読むことはよいこと

だとされてきました。

そう考えると、30代になるまでに500冊と言わないまでも、数百冊、たとえば300冊を目標に、それ以上の方は、週に1冊を目標とされてはいかがでしょうか。

人生を豊かにする本は本当に多く、読めば読むほど自分を成長させてくれるので、ぜひ時間を作って読んでいただければと思います。

半分はビジネス書、半分は小説を

300冊の半分はビジネス書、スキルアップにつながる本、考え方のヒント、科学・技術・社会・歴史などの本で、**半分は小説**などがよいと考えています。

小説が大切な理由は、それが恋愛小説であれ、歴史小説であれ、SF小説であれ、自分とは違う人の人生や考え方を知ることで経験が豊かになり、人としての成長を加速させてくれるからです。

第1章でもお話ししましたが、私はこのことを「心のひだが増える」と呼び、中学・

高校時代から「心のひだが増える本」を好んで読んできました。

心のひだが増えるとは、人の痛みを知ること、自分とはまったく発想の違う人の考え方を知ることなどを通じて、感受性が豊かになることだと考えています。

別の言い方をすると、**「心のひだが多い人」とは、ふところの深い人、器の大きい人、人の気持ちがわかる人、人間力のある人**だと考え、仕事をしていく上で大切な人だと考えてきました。これは、リーダーシップを身につける上でも欠かせないことです。

リーダーシップというのは、必ずしも会社で昇進するということだけではありません。地域のコミュニティや趣味の仲間とのちょっとしたプロジェクト、誰かと一緒に何かの行動をするときでも、リーダーシップがある人がいれば、スムーズに進みますし、成果も出るので楽しくなります。

私のこれまでのすべての読書は、多分この「心のひだを増やす」というキーワードを中心に続けてきたと言っても過言ではありません。

情報感度を高める読書②

300冊達成後は週1冊、つまり月4冊、年50冊程度は読む

300冊を達成後は週1冊、つまり月4冊、年50冊程度、読むのがよいと考えています。

仕事に直結したもの、仕事の周辺、人間関係などに関するもの、趣味に関するものなど、読むことで仕事のスキルを上げたり、コミュニケーション力を高めたり、感受性を豊かにしたりできる本が無数にあります。これはネットでの断片的な情報収集では得られないことも多いので、忙しい人でも週1冊程度は読む価値が十分にあるのでは、という提案です。

なぜ週1冊かということですが、本には価値があります。1冊1時間半からどんなにかけても2時間半くらいで読めるように訓練したとして、週にそれくらいの時間を浮かせることは十分現実的だと考えているからです。

もちろん、忙しいのは誰でも同じです。自分は非常に忙しいと思っていても、実際はそれなりに時間の余裕があるのではないでしょうか。工夫の余地は十分あります。**ないのは、心の余裕です。おちおち本など読んでいられない、という心境になりがちですが、ここを割り切って週1冊読む時間を捻出したほうが明らかに好循環が生まれます。**そのためにも、第2章で説明したように仲間を募って読む方法がよいかと思います。

好循環というのは、本を読んだことで仕事上の知見が増えたり、スキルアップしたり、あるいは問題意識が高まったりしてよりよい結果につながり、それによってさらに物事がうまくいき、余裕が生まれて、本を読む時間も十分にとれ、やりたいことがもっとできるようになる、という状況ですね。

できる人ほど自然にあるいは意識して好循環を生み出しているようです。ぜひ色々工夫してみてください。

情報感度を
高める読書③

情報収集の時間をとり、Googleアラートを徹底的に使う

普段から意識して情報収集の時間をとると、本に対する感度が非常に高くなります。たとえば、ロボットや人工知能、あるいは環境問題に関して普段からネットで情報収集をしていると、今何が課題で、今後どういうことが起きていくのか少し見えるようになります。

そうなると、その分野の本が出たときに、読むべき重要な本かそうでもないかがすぐ判断できるようになるわけです。同じ分野でも何十冊と本が出ている今、こうした感度を高めることは必要だと思います。

情報収集に関してはいくつかのポイントがあります。

1. Googleアラートを使う

関心のある分野の記事をもらさず見るには、Googleアラートが一番お勧めです。ネットで検索するとすぐ見つかります（完全無料です）。Googleアラートに関心のある分野のキーワードを登録しておくと、自分の指定した時間にそのキーワードが入った記事が全部送られてきます。私の場合は毎朝6時です。

Googleアラートは、キュレーションツールと違って、どういう記事を見たかによって勝手に情報を絞り込んだりしないので、見落としがありません。キュレーションツールは、大事ではないのにそそる記事がどんどん多くなるので要注意です。

毎朝送られてきた記事にさっと目を通しておくと、そのキーワードに関しての世の中の動きがだいたい頭に入っていきます。記事は言語設定ができますので、私の場合は、キーワードによって日本語記事と英語記事の両方を指定しています。

例をお見せすると、私の場合、仕事がら多数の企業を支援していますので、次のキーワードをフォローしています。

図5－1　Googleアラートに登録しているキーワード

●人工知能	●AI	●シンガポール
●機械学習	●Machine Learning	●インドネシア
●深層学習	●Deep Learning	●インド
●ロボット	●DeepMind	●イスラム国
●自動運転車	●IBM Watson	●イスラム教
●コネクテッドカー	●Robotics	●認知症
●IoT	●Autonomous car	●過保護
●ウェアラブル	●Connected car	●過干渉
●デジタルヘルス	●Driverless car	●発達障害
●モバイルヘルス	●IoE	●アダルトチルドレン
●フィンテック	●Wearable	●境界性人格障害
●ビットコイン	●Bitcoin	●DV
●ブロックチェーン	●Blockchain	●モラルハラスメント
●クラウドソーシング	●Bitnation	●うつ病
●3Dプリンター	●Ethereum	
●デジタルマーケティング	●P2P Lending	
●リワード広告	●Shared economy	
●AKB48		

時間に余裕があれば、送られてきたなかで主だった記事を読みます。具体的には、Googleアラートから毎朝届くメールを開き、上からざっと見て気になる記事を選んで読みます。その記事のなかで紹介されている別の大事な記事や、そのブログの過去記事ランキング、人気記事なども読みます。

それらのなかでまた気になる記事が紹介されていたり、そのブログの過去記事で気になるものがあったりすれば、そちらも読みます。

芋づる式につながっていく感じで、どんどん広がっていきます。「え、これも?」「あ、こんな記事も!」ということで結構、興奮してきます。宝の山を掘り当てた感じです。記事のなかで紹介されている事柄はもちろん大切ですが、**それ以上にそのブログの過去記事が知見を非常に深めてくれますので、それも読みます。**

私は、読む時間を制限しているので、本当にわずかな時間しかありませんが、必死に面白そうな記事を読んでいきます。感度が高まっているし、すべての能力が高い状況なので、短時間でどんどん読み進んでいけます。

こういう読み方をしているときに注意していることが一つあります。

一つは、**記事の途中で別の記事が引用され紹介されているときは、構わずそちらに飛んでいくこと**です。元の記事を最後まで読んでから読もうとすると、私の経験では、どうも少し冷めてしまい、当初のワクワク感が減ってしまいます。

「食べたいときがうまいとき」に近い感覚で、「え？　え？　えええええ〜〜」という感覚を大切にしたほうがどうもよい結果になります。集中力も上がり、その10〜15分で調べていた課題に関して一気に理解が深まっていきます。

余裕がなければ、届いた記事のタイトルだけさっと目を通すくらいですが、それでも、毎朝のGoogleアラートのおかげでこういったキーワードへの感度を常に高く維持できます。したがって、こういう分野の本の情報に対してはピンと来ますし、読むべきかどうかの判断もすぐにできます。

普通の方はこれほど多くないとしても、仕事や立場によっては、キーワードを40〜50個ほど登録することはあるかも知れません。それをどう処理するかが次です。

2. 記事は毎朝・毎晩、自宅で30分ずつ読む

これらの記事を読んで読書の時間がなくなっては本末転倒なので、記事は毎朝・毎晩、自宅で30分ずつ読むのがよいと考えています。

30分に限っているのは、読みたくなる記事がネットからは無限に送られてくるからです。時間制限をしないとだらだらと情報収集を続けてしまいます。毎朝・毎晩30分に制限すれば、いい記事は全文、それ以外はタイトルだけなどメリハリのある読み方をすることができます。

自宅で、というのは職場では会議や色々な打合せがあったり、電話がかかってきたりするので、落ち着いて読めないからです。また、職場でネットの記事を見ているときに限って上司が後ろに忍び寄り、「お、ヒマそうだな！　これやってくれるか？」と新たな仕事を依頼してくる、というのもよくあることです。

3. 自宅のPCと大型ディスプレイを使って読む

なお、自宅では、ノートブックPC、タブレット、スマートフォンではなく、机に座り、ノートブックPCを大型ディスプレイに接続して情報収集するとよいと思いま

す。そのほうが画面が広くて見落としもなく、複数記事を開くことができ、画面を動かす手間が減るので生産性もよく、疲れずにできます。

22〜24インチのワイドモニターでも1万3000〜1万5000円程度であるので、効果を考えるとお勧めです。

ちなみに、180ページ写真5－1は私の自宅、写真5－2はオフィスです。

4．メルマガを4〜5個登録する

メルマガによっては非常によい記事を継続して配信しています。私が欠かさず見ているのが、日経ビジネスオンライン、ダイヤモンドオンライン、東洋経済オンラインなどですね。

これらのメルマガで紹介される記事を見て知った本を買うこともよくあります。

5．Facebookのタイムラインを活用

Facebookのタイムラインでは、結構よい本の情報が流れてくることがあります。投稿者の過去投稿もわかりますので、信用できる人で、かつ自分の関心事に合っていれば、読んでも失敗はあまりないと思います。

写真5－1　自宅のデスク

写真5－2　オフィスのデスク

もし「あれ？　ちょっと違う」と思うことがあれば、次回からはその人の投稿は値引くことになります。その意味では、こういうソーシャルメディアへの投稿はその人がどれほど本物であるか常に衆人環視されることになりますね。

6. 展示会やフォーラムに行ってアンテナを高く上げる工夫を続ける

ネット情報だけだとメリハリがなく、何が本当に重要なのか、緊急なのかそれほどピンと来ないことがあります。

それを防ぐには、月1回程度は展示会などに行く必要があります。やはり東京に集中していますが、関東近辺であれば、幕張メッセ、東京ビッグサイト、有楽町の国際フォーラムなどで頻繁に開かれている展示会、フォーラム、カンファレンスなどに何とか参加できるかも知れません。

大阪、福岡などでも少しは開催されていますが、年1〜2回は東京に出るのも、少し長い目で見ると、十分に費用対効果が合っていると思います。

こうやってGoogleアラートからの記事やメルマガ、あるいはFacebook投稿などを見て情報収集をすると、読むべき本も自然に見つかっていきます。

また、展示会やフォーラムへの参加も、情報感度が高まり、自然に自分を成長させてくれる本への感度を高めてくれます。

なお、情報収集に関しては、『速さは全てを解決する』（ダイヤモンド社。http://goo.gl/XclbkY）に詳しく書きましたので、より深い関心のある方はご覧ください。

情報感度を高める読書④

問題意識こそが、深い見識や洞察力を作る

読む本を選ぶには、何に対しても問題意識を持つことが鍵になります。

問題意識とは、仕事や会社の状況、会社が置かれた業界の動向、技術や規制の動向、日本の社会と経済、世界の動き、戦争やテロ、環境問題、食料問題などに対して、何でそうなんだろう、このままいくとどうなってしまうのかな、自分は大丈夫なのかな、などとあれこれ考えることです。

問題意識さえ持っていれば、ほとんどその質を問いません。問題意識が少しでもあれば、目標に対してねらいを定めている状況なので、止まることなく、少しずつ確実に深まっていくからです。そして、真相に近づいていきます。

たとえば、「待機児童が多い」という問題を普段から考えていれば、

・女性の社会進出が言われる割に、なぜ保育園を増やさないのだろう
・保育園を増やすってそんなに費用がかかるのかな？
・保育園は増やせても、保育士さんがいないのかな？
・保育士さんになり手が少ないのかな？
・マクドナルドとかすき家もバイトがいなくて困ってるようだし
・そういうところのバイトと保育士さんとはもちろん違うけど
・保育士さんの手取りが10万円台だって書いてあったけど本当かな
・もしそうなら、どうしてまともな給料を払わないんだろう
・あれ？　でも、保育園にはかなりの補助金が出ているようだ
・保育園を増やしたくない人がいるのかな

というふうに、自然に問題点を掘り下げていけます。ちなみに、この問題に関しては、こちらのブログが参考になります。

・「保育園落ちた、日本死ね → 死ぬべきは既得権益の皆さんだったよ」
http://www.LANderblue.co.jp/blog/?p=25791（「永江一石のITマーケティング日記」）

この方は、私が見落しがちな社会問題なども毎日取りあげて書かれるので、いつも勉強させていただいてます。

まだ経験の浅い人、自分に自信がない人でも、**問題意識さえあれば、どんどん進化します。**知見が深まっていき、読書も進み、会話でも話が弾み、いつの間にか、自分は経験がないからとか、自信がないからとか、そういったことがどうでもよくなっていきます。

問題意識に沿って次々に本を読み、意見を言い合い、その結果、本の内容をさらに深く理解し、自信をつけ、成長していくことが自然体でできるようになります。

ところが、逆に、自分には関係がない、興味がまったくないと思うと、思考停止になってしまいます。それでは自分で考える習慣も生まれませんし、視野も広がりません。それだけは避けたいですね。

私自身、学生時代から20代くらいまではその傾向がかなり強く、政治、経済、社会、国際問題などはほとんど縁がありませんでした。これは理系のエンジニアに多いことかも知れません。

縁がないというよりも、避けていた、というほうが正しいでしょう。ただ、これも、問題意識を持って行動しているうちに、特に、

・うつ病がなぜ多いのか。うつ病の発症を防ぐ方法があるのではないか
・過保護、過干渉がなぜ起きるのか、どうして過剰になってしまうのか
・親がDVだと子どもがまたDVをしてしまうようだが、何とか防げないのか
・日本人が英語ができない一番の理由は、遠慮し過ぎとかっこつけ過ぎでは
・日本人以外は、英語をただの道具として使いこなしているのではないのか
・イスラム国がなぜ生まれたのか？　中東問題の本質は？
・なぜ宗教があるのか。宗教の是非は？

などに関しては、だんだんと強い関心を持つようになりました。

問題意識と関心を持つようになると、情報も目に入りやすくなり、関連記事を読むなかで推薦されていた本をすぐネットで購入したり、書店でもそういった分野の本に目がいくようになったりします。

理系の方は政治、経済、社会科学系にあまり関心を持たなかったり、**文系の方は科**

学、技術、工学などにあまり関心を持たなかったりしますが、もったいないことです。

まずは、書店の普段行かない棚などを見てみるなど、ぜひ意識して関心を持つようにしてみてください。

そのほうがはるかに楽しいです。

情報感度を高める読書⑤

これは！という著者を見つけたら全部読む

著者には優れた人とそうでもない人がいます。結構本が売れていてもそうでもない人もいますし、本は大して売れていないのに、どう見ても優れているとしか考えられない人もいます。

これには二つの理由があると考えています。

一つには、売れている本がよい本とは全然限らない、という点です。これは本当に水もので、売れる前にもあまりわかりませんし、売れた後も結果論以外よくわかりません。

書店のスペースには限りがあり、限界まで本を陳列しています。追加の置き場所はありません。そこに容赦なく新刊が日々送り込まれてくるので、最初に少しでも売れ行きがよさそうでなければ返本されます。

しかも、書店にしばらくの間置いていただいたとしても、平積み（棚の前にカバーが見える状態で積まれている状況）にならなければ、お客様の目にふれることはほぼありません。棚差し（棚の中で立てて並べられ、背表紙だけが見える状況）になってしまうと、必死に探さないとほぼ見つけることができません。では、書店の店員さんはどういう基準で新刊を並べているのかというと、前評判と、他店での売れ行きと、あとは、プロとしての経験と勘のようです。

二つ目には、自分にとっての相性があります。自分の問題意識、置かれた状況、今ちょうど困っている内容とフィットすれば、自分にとって「優れた著者」になります。その著者の言葉が一つひとつが心に沁み、意識・行動改革まで起こしてくれます。

そういう著者に出会えたということは、非常に幸せなことです。

私の場合は、最初に勤めたコマツのエンジニアだった頃に、大前研一さんの本を全部読み、大変刺激を受けていました。『企業参謀』（プレジデント社）からスタートし、それから次々に当時出ていたすべての著書を読破したと思います。そのときは、マッキンゼーが何かも知らず、大前さんの本そのものに感銘を受けていました。

その後、米スタンフォード大学への留学から戻って1年したところにそのマッキンゼーからヘッドハンティングがあり、先ほどの理由のみで迷わず転職したということは、いかに影響力が大きかったか、ということだと思います。

こういう個人的な経験からも、これはという著者を見つけたら、できるだけその著者の本を全部読むことをお勧めしたいと思います。どんな著者でもその著書の出来不出来はあるかも知れませんが、著者レベルによる差ほどはないので、この機会を逃す手はない、というふうに感じています。

先に一人の作家について2～3冊でよい、と申し上げましたが、教養や楽しみとして読むのではなく、その人の考えや意識などをしっかり自分のものにしたい場合は、ぜひ、一人の著者の本を読み進めることをお勧めします。

ある著者の本をどこから読んだらいいのか、という点ですが、ある本で感心・感動したら、あとは関心のおもむくまま読み進めばよいのではと考えています。やはり自分の状況やニーズもあるので、順番は人によります。

たとえば、ドラッカーであれば、私のように『非営利組織の経営』に感動したら、次は『マネジメント』『イノベーションと企業家精神』『プロフェッショナルの条件』、そして『チェンジ・リーダーの条件』『イノベーターの条件』『ネクスト・ソサエティ』

というふうに読み進む、という感じです。

また、司馬遼太郎の『坂の上の雲』に感動し、『竜馬がゆく』『国盗り物語』『燃えよ剣』『新史 太閤記』『花神』『翔ぶが如く』『峠』『項羽と劉邦』『世に棲む日日』と読み進んでいく感じです。

多分、その昔、中学校、高校や大学の図書館で、「あ、次はこれを読もう」と次々に本を借りて読んでいたのに近いかも知れません。

小説はともかくとして、人生や仕事に直接的に役立つ著者の場合、相当数読み込んでいくと、だんだんとその著者の言いたいことの全体像が見えてくるような気がします。**その著者の想いが頭だけではなく体でもわかってくるような感じです。**そのくらい読んでいくと、知りたかったことも十分知ることができますし、自然に自信も湧いてきますので、いったん卒業してもいいかな、という感じです。

もちろん、一巡りしてまた数年して戻ってきてもいいわけです。仕事上の立場が変わっていると、こちら側のニーズも変化していきますので、より深い読み方ができるようになっていきます。素晴らしい著者というのは、それに耐える著者とも言えるのではないでしょうか。

情報感度を高める読書⑥

信頼できる先輩・友達の本棚に注目

どの本を読むのがよいかは、本の趣味を信頼できる先輩・友達に聞いて選ぶのが、はずれが少ない方法であると考えています。

「本の趣味を信頼できる」というところがポイントで、人として信頼できるとか、仕事ができるというのとは別です。

人としてどれほど信頼できても、本の趣味が違うことはいくらでもあると思います。面白いと思うポイント、参考になるポイント、感動するポイントは人によってかなり違いますので、読むべき本を教えてもらうには相手を選ぶ必要があります。

個人的には、勧められた本を読んでもどうも今ひとつ、ということが結構ありました。せっかく勧められて読み始めたので最後まで読み続けるのですが、「あれ？　どうしたんだろう。どこがいいのかな。もう少し読んでいたらよくなるのかな？」と思い続けながら、期待を裏切られて終わる、という経験です。

読んだ後、「どう？　面白かった？」と勧めてくれた人に聞かれても「はあ…そうですね…」としか言えません。

こういうことが何度かあり、どうも「人として素晴らしいということ」と、「自分にとってその人が勧める本がよいかは別」だという理解にいたりました。

同様の傾向は、映画の場合さらにはっきりとあります。ディズニー的なハッピーエンドが好きな人もいれば、もっとドキドキするサスペンス映画がいいという人もいたり、ストーリーが暗くないとリアリティがなくて感情移入できないという人もいます。


本の趣味を信頼できる先輩・友達が見つかったら、うまくお願いして、お勧めの本を続けて教えてもらうようにします。本の趣味を信頼できるかどうかは、その人が読んでいる本が自分の趣味や関心に合っているかで、見極めてもよいでしょう。本を読んだらきちんと感想を伝え、自分なりにどういう努力をしていくのか、感謝の気持ちも込めて報告しましょう。

そういうふうにしている限り、「面倒だし、せっかく教えてあげてもちゃんと読まないようだから、もうこれ以上、いい本があっても教えてあげない」とはならないと思います。

振り返ってみると学生時代や20代の頃は、友達や尊敬できる少し上の先輩の家に行って**本棚を見ること**が結構大事でした。彼らが何を読んでいるか、どうやって勉強しているのかが貴重な情報だったからです。逆の立場だと、本棚を見られるのは自分が何に関心を持っているのかわかってしまうので、気恥ずかしいという気持ちと、少し誇らしいという気持ちと両方あるのですが。

情報感度を高める読書⑦

書店で安易に買い込まない

本を選ぶコツの一つとして、ある意味、逆説的に聞こえるかも知れませんが、「書店で安易に買い込まない」という点があります。

本を読むような人は本が嫌いではないので、書店に行くと「これは読まないと。あれも見逃せない。やっぱり前から気になっていたこの本もね」ということで、熱心であればあるほど、どうしても本を買ってしまうと思います。

一度買い始めたら止まりません。同じような悩みの方もいらっしゃるのではないでしょうか。

「本はいいものだ」
←
「ここにはこんなにいっぱい本がある」

↓「これは買わなくっちゃ」

↓「わ、こっちも！」

という一瞬のステップですね。私もどうしても、この、ある種の強迫観念から抜けられないので、書店があってもあまり行かないようにした時期がありました。

書店で思わず本を買っても、多くの人は、家に10冊以上が積読になっていたりもします。その場はもちろんワクワクしても、積読を増やすだけに終わりがちなので、安易に買い込まないほうがよいといつも自分に言い聞かせています。

時間がないので、あくまで本は厳選して買う、厳選して読む、読んだら全力で消化し、フルに活かす、ですね。

情報感度を
高める読書⑧

ベストセラーは後回しにする

ベストセラーを読むかどうか、私自身もいつも迷ってはいますが、基本は、**なるべくすぐには読まない**ほうがよいと考えています。売り言葉につられて何冊も読みましたが、そこまで素晴らしいものはそれほどなかったという実体験によります。

ベストセラーは、タイトルがよかったり、ちょうどタイミングがよかったり、著者の知名度が高くスポットライトを浴びたりしていると、話題になり、数十万部になることがあります。本の内容が本当によくてベストセラーになる、というわけではないようです。したがって、話題だけで飛びつくとがっかりすることのほうが多いように思います。

一方、ロングセラーになる本は、内容そのものに価値があり長年売れ続けている本なので、**良書である確率は高くなります。**

その意味では、読むべき本はすでに多数ありますので、ベストセラーはなるべく後回しにし、しばらく待っても売れ続けるロングセラーの本だけを読むほうが賢いかなというのが私の基本的スタンスです。

人気のテレビドラマを見ていないと人の話についていきにくい、ということがときどきありますが、本はもうそういう存在ではなくなったので、ベストセラーを読んでいないからといって困ることはほぼありません。自分のペースで読めば特に問題ありません。

そもそも、そこまでの爆発的ヒットがほとんど起きなくなっているので、気にする必要がなくなったかと思います。それよりも、本書で説明したような基準に沿って本を厳選して読む、ということが大事です。

情報感度を高める読書⑨

5年後にどうなっていたいか目標を立てる

自分が読むべき本を見つけるには、自分が**5年後にどうなっていたいかの目標を立て、そこから遡って考える**必要があります。

私の場合、14年いたマッキンゼーを卒業後、ベンチャー企業の経営支援に取り組み始めました。その時点で5年後にどうなっていたいかの目標は「ベンチャー経営支援で何社か有望なベンチャーを掘り起こし、支援して急成長させている」というものでした。

したがって、その場合に私が読もうと考えた本の分野、内容は、

- シリコンバレーのベンチャー起業環境
- 韓国、台湾などアジアのベンチャー起業環境
- 日本のベンチャー起業環境

- ベンチャー急成長の条件
- 日本の有望ベンチャー各社
- B2Cビジネスのビジネスモデル
- 大学発ベンチャーの取り組み
- マーケティング、プロモーション関連
- ベンチャー法務、ストックオプション関係
- 大企業の新事業への取り組み、研究開発マネジメント
- 大企業からのスピンアウトの状況

などになります。

要は、ベンチャーに関してシリコンバレーや海外から学び、日本の状況を把握し、ビジネスの中身について理解し、ベンチャーに関連して大企業について理解していく、という状況でした。このくらい読めば、おおよその全体像がわかります。

もう一つ例を挙げます。私は、日本人が英語で自由にコミュニケーションできるようになることに強い関心を持っています。したがって5年後にどうなっていたいかの目標としては「日本人の英語力を抜本的に上げるための仕組み、しかけを作る」とい

うものを持っています。

その場合に読むべき本の分野・内容は、

- 日本人の英語力の国際比較
- 日本の英語教育の現状と課題
- 日本の英語教師のタイプ、質、アプローチとその変遷
- 日本の主要英語学校の種類と実態、業界再編
- スカイプ英会話の種類と実態
- 日本人の国際センス、外国人に対する姿勢
- 留学の効果と位置づけ
- 日本企業のグローバリゼーション上の課題整理
- 各国の英語教育と問題意識
- 各国、特にアジアで英語がどのように使われているかの実態

などになります。

要は、英語教育の実態を内外で比較し、日本企業のグローバリゼーション上の課題

と合わせて、どうすれば日本人のメンタルブロックを取り除き、平気で英語を使うようになるのかを考えていくことになります。

このように、5年後にどうなっていたいかの目標を立てることで、どういう本を読むべきかはかなりはっきり見えてきます。そういった本を数冊読むと、自分のなかで、今後どうしていくべきかという仮説がよりはっきり見えます。それにより、さらに読み進めたり、あるいは方向を少し修正したりすることができます。仮説の立て方に慣れていない方が多いかも知れないので、順を追って説明しておきます。

1.「こうかな」と思うことをまず仮置きで決める

仮説に慣れていない方はここを躊躇されるようです。ただ、どちらに向かうべきかいったん決めても、その後、方向修正をすぐしますので、極論を言えば、何でもいいので決めれば大丈夫です。

決めないでいるほうが前に進めないので、思い切って「こっちかな」と言い切ります。最初はすぐ決めてしまいます。慣れていなくても数分以内に考えてみてください。「え？　数分で？」と思われたかも知れませんが、お昼に何を食べようか、くらいの感覚で十分です。

たとえば、「社内の英語力を高めたい」と思ったときに、まず、英会話スクールの費用を補助する制度を社内に作ったらどうかと考えたとします。

2．仮置きで決めた内容がそれでいいか、もう一度検討する

その上で、今決めたことが本当にそれでいいのか、もう一度考えてみます。自分が何をやりたいのか、そのためにはどうすればいいのか、ですね。

そうすると、「あれ？　ちょっと違ったかな？」ということが出てきます。そこで、元に戻ってもう一度考え直してみます。全部がだめになることはほとんどなくて、考えていたこととの一部を少し修正することがほとんどです。

「社内の英語力を高める」というプロジェクトの場合、再度、周囲の仕事の状況を見て、「スクールに通っている時間はほぼないのではないか」と気づく可能性もあります。だったら、通わなくてすむオンラインでのスクールや社内での勉強会はどうか、などと考え直すかも知れません。

3. さっと情報収集して仮説を確認する

ここまで考えたことは、事前に知っていたことだけで仮説を立てています。それでもかなり正しいことが多いのですが、やはり少し調べるほうが安心です。

ネットで検索して関連しそうな記事を20個ほど読みます。時間的には20～30分です。読んだ記事はまた参照することがあるので、URLを保存しておきます。私はテーマごとにフォルダを作り、こうやって調べた記事に関してURLのショートカットを置き、ファイル名の最初に日付を、その後に記事タイトルを入れるようにしています。184ページの記事だとこういう感じのファイル名になります。

「16-05-15 保育園落ちた、日本死ね → 死ぬべきは既得権益の皆さんだったよ」

「社内の英語力を高める」というプロジェクトの例で話すと、情報収集をしたところ、スカイプを使った英会話教室は安くて、どこでもできるというメリットを知ったとします。一方で「挫折」「英語」というキーワードで検索すると、「続ける」ことのむずかしさを訴える人もいるとわかりました。

そこで、通わなくてすむスカイプは魅力的だし、社内勉強会は「続ける」ために効果がありそうだ、と仮説と合わせて考えていきます。

4．できれば詳しそうな方の話を聞く

ネットでの情報収集に加え、この方面で詳しそうな方が数名思い浮かんだら、すぐ連絡し、会ってお話を聞きます。地理的・時間的に会うことがむずかしい場合は、電話で詳しくお話を聞きます。これは合わせて2時間程度ですませます。

そのくらいのスピードで進めると、こういうプロセスが初めての方であっても、2～3時間後には、元の仮説をこう変えようというアイデアがはっきり浮かんできます。つまり、思ったほどむずかしいことではありません。

「社内の英語力を高める」について、別の会社で、すでに社内の英語力向上について取り組んでいる方に話を聞いたところ、「続ける」ことをサポートするために、社内で勉強会を行なっていると聞きました。「続ける」ためには、やはり社内で行なうのが有効かも知れないと気づきました。

5. 仮説を修正し、いったん確定する

そのアイデアに基づき、元の案にとらわれずにこうしようと大胆に仮説を修正します。情報収集もした上での仮説修正なので、かなり正しいと思われるので、これでいったん確定します。

英語プロジェクトの例で言うと、最初は「英会話スクールの費用補助」と考えていたかも知れませんが、ここへきて、社内に外部講師を呼んで勉強会を開く仕組みにしてはどうかという仮説を改めて立てました。このほうが、みんなが参加しやすく、続けることもできそうです。

ここで導いた仮説に基づいて、本を何冊か読み、行動に移していくとまた新たな発見があります。このレベルになると、行動して手応えを感じるほうが大切になります。どんどん実践に移してください。

情報感度を高める読書⑩

情報感度を高める7つの習慣

「攻めの読書」をし、常に問題意識を持って行動していると、感度がどんどんよくなっていきます。そうすると、追求しているテーマに役立つ本が次々に見つかるようになっていきます。ネットの情報も、人の話も、ちょっと小耳にはさんだ内緒話も、すべて、ヒントになっていきます。以前なら見逃していたような情報がアピールしてくれるようになります。

暇つぶし、趣味の読書から、「攻めの読書」になり、本を読みながら成長し、仕事のやり方を変え、改善し、強力な発信をするので、また情報が集まってきて、好循環がどんどん進んでいきます。

ただ、こういう、感度が高く、打てば響く状況になるには、普段からの準備も必要です。それをいくつか説明しましょう。

1．忙しくても普段からの情報収集を欠かさない

目標を定めて頑張っていたはずなのに、忙しいとつい忘れてしまい、そのままピークが過ぎても元に戻れなくなることが起きがちです。その意味で、どんなに忙しくても淡々と体系的な情報収集を続けることは大切です。

2．何にでも自分の意見を持つようにする

日本では、自分の意見を持つことがそれほど重要視されていません。ところが、海外では、自分の意見を持っていない人は、きわめてまずいと判断されます。ほぼアウトです。

グローバルに戦っていくためにも、また今すぐは予定がなくても、急に会社が外資系になったり、上司か部下が外国人になることもあるので、その準備のためにも、何にでも自分の意見を持つようにすることが大切です。普段からそのようにしていれば、全然むずかしいことではなく、何と気持ちのいいことだろうと感じられると思います。

3．その意見をあまり遠慮せずに人に言うようにする

意見を持ったら、あまり遠慮せずに人に言うほうがいいです。日本人、特に女性は自分の意見をできるだけ言わないように躾けられていたり、痛い思いをして言わなくなっている方が多いように思いますが、これだと気分がすっきりしないだけでなく、成長も阻害されるので、とても残念なことです。

意見を言う場合、それに慣れていない人たちも多いので、かなりポジティブな表現をまぶしつつ言う必要があります。

それを馬鹿馬鹿しいと思ってやると、それ自身がストレスになりますし、相手にも伝わってしまいます。こういうものだと思って相手を立てながら言うことを習慣化するのがいいです。

4．結果が今一歩でも気にしない

何かを一生懸命やっていてもうまくいかないことはいくらでもあります。サボったり、手抜きをしたわけではないし、馬鹿なことをしたわけでもないのにうまくいかない、という状況ですね。

そういうときは「気にしてもしょうがない」と思うようにしています。「ちゃんとやったんだから気にしてもしょうがない、次いこ、次！」という感じです。思った通りいくことばかりではないので、いちいち気にしていては、へこんでしまうからです。「適当」と思うくらいがちょうどよいです（もちろん、途中で投げ出すとかそういうことではありません。気にし過ぎない、という意味で申し上げています）。

私もたまに少々へこむことがありますが、こちらにあまり落ち度がない場合は、「しょうがない」ですませます。それですまないときは、一晩寝て、ほとんど忘れます。

引きずってしまう人がいるのはよくわかりますが、どうにもならないことです。流してしまいましょう。自分をそうやって苦しめることはありません。『ゼロ秒思考』でお勧めしているA4メモを30ページくらい書くと、苦しみが驚くほど減っていきます。騙されたと思ってぜひ書いてみてください。いざ、書こうとすると10ページくらいしか書けないことも多いと思います。

5．やる気を注入、補強する手段を持っておく

「結果が今一歩でも気にしない」ということができたとしても、やはり心が折れそうなときもあります。体調によっても、どうしてもやる気が出ない、ということもあるでしょう。

そういうときのために、やる気を注入し、補強する手段を持っておくことが大切だと考えています。方法は人それぞれなので自分に合った方法を工夫していただきたいのですが、私の場合は、睡眠不足になると若干元気がなくなるので、睡眠時間を確保することと日曜夜のテニスを欠かさないことです。後は、エネルギーレベルの高い人となるべく会うようにしています。

6．何でも相談できる相手を各世代で2名ずつ確保しておく

自分としてベストを尽くしていても、思い通りにいかないこと、どうしても理解できないことが出てきます。そのとき、自分一人では消化し切れず、理不尽さに対して感情的になってしまいます。

何でも相談できる相手を同年齢、5歳上、10歳上、5歳下、10歳下で2名ずつ確保しておけば、そういう場合にさっと相談し、すぐに回答を得られるので、大変助かり

ます。

どうやってそういう人を見つけておくかというと、同年齢、上下の各世代で5名ずつ、考えが深く尊敬できて自分にもある程度好意を持って接してくれるような人を見つけ、その方々を個別に夕食に誘います。そうすると、さらに意気投合し、相談相手になってくれそうな人が見つかります。もちろん相手には何も言う必要がありません。

困ったとき、何か相談したいと思ったときは、相談相手の方々にメールで事情を説明して助言を求めたり、ひどい状況の場合は会って話をしたりすると、自分が信頼している方々のアドバイスなので気持ちが整理され、問題はかなり解消します。

7．自分にはこれができるという自信をなるべく持つ

本当はこれが最初にくるとよいのですが、自信をなかなか持てない方が多いので、1〜6の結果として、少しでも自信を持つようにしてもらえればと思います。

「自信を持て」と言うことは簡単ですが、それですんだら誰も困らないわけです。ただ、それでも、ステップを踏んだ努力によって、自分で自信を高めることは、実は十

分できることです。

親の愛情が不足していたり、家庭内暴力だったり、死別だったり、大きなトラウマがあったりすると、どうしても無価値観が強く、自分の存在に対して100％肯定的になれないこともあるでしょう。

でも、それも、この本で説明した「攻めの読書」「成長する手段としての読書」とそれにリード・触発された行動によって大きく変わりうることは、ぜひ知っておいていただければと思います。

【付録・私がお勧めする20冊】

1.『非営利組織の経営』P・F・ドラッカー著（ダイヤモンド社）

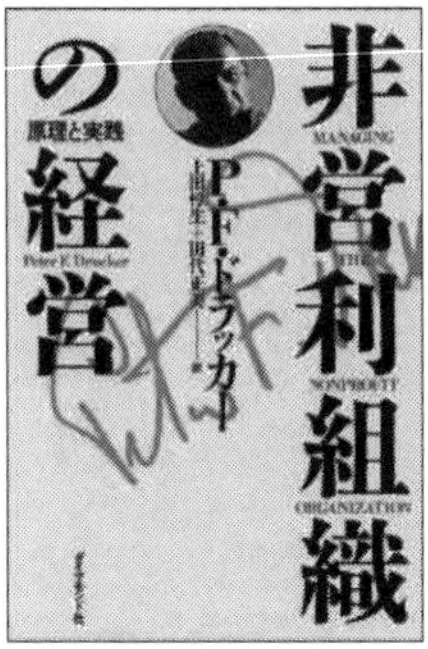

世界最高の経営コンサルタントでマネジメント思想の神様とも言われているドラッカーの隠れた名著です。「隠れた名著」というのは、対象が非営利組織に絞られているかのような印象を与えるため、読者が他に比べて限定されるからです。

非営利組織だと利益を基準にした経営ができないので、余計に明確なビジョンを打ち出し、ビジョンでリードすべきであることをうたっています。

非営利組織にこそ、マネジメントの本質があるというスタンスで書かれている、経営に対して多大なヒントがあります。ご理解いただくために、目次を掲載しておきます。

〈目次〉

第１部：ミッションとリーダーシップ
- 第１章：ミッション
- 第２章：イノベーションとリーダーシップ
- 第３章：目標の設定
- 第４章：リーダーの責任
- 第５章：リーダーであるということ

第２部マーケティング、イノベーション、資金源開拓
- 第１章：マーケティングと資金源開拓
- 第２章：成功する戦略
- 第３章：非営利組織のマーケティング戦略
- 第４章：資金源の開拓
- 第５章：非営利組織の戦略

第３部：非営利組織の成果
- 第１章：非営利組織にとっての成果
- 第２章：「してはならないこと」と「しなければならないこと」
- 第３章：成果をあげるための意思決定
- 第４章：学校の改革
- 第５章：成果が評価基準

第４部：ボランティアと理事会
- 第１章：人事と組織
- 第２章：理事会とコミュニティ
- 第３章：ボランティアから無給のスタッフへの変身
- 第４章：理事会の役割
- 第５章：人のマネジメント

第５部：自己開発
- 第１章：自らの成長
- 第２章：何によって憶えられたいか
- 第３章：第二の人生としての非営利組織
- 第４章：非営利組織における女性の活躍
- 第５章：自らを成長させるということ

2.『プロフェッショナルの条件』P・F・ドラッカー著

（ダイヤモンド社）

これからの時代にますます台頭するプロフェッショナルがどのように業績を上げ、どう成長し、どう自己実現すべきか、非常に深い示唆があります。こちらも目次を掲載しておきます。

〈目次〉

3.『人を動かす』

D・カーネギー著（創元社）

生きていく上で身につける必要のある人間関係の原則を多くの事例を使って、教えてくれます。1936年の初版刊行以来、全世界で読み続けられてきた驚異の本だと思います。

4.『道は開ける』

D・カーネギー著（創元社）

生きていく上で誰もが直面する悩みの原因を客観的に自己分析し、心の持ちようや習慣を改めるためのヒントを提供してくれます。

5.『マネー・ボール』

マイケル・ルイス著（早川書房）

米メジャーリーグの一つ、オークランド・アスレチックスを新任ゼネラル・マネジャーのビリー・ジーンが統計データを活用し、見事に立て直した実話。経営改革やリーダーシップ、チームビルディングに関して参考になる点が多々あります。

6.『仮想通貨革命』

野口悠紀雄著（ダイヤモンド社）

ビットコインをはじめとする「仮想通貨」が広がっており非常に重要な意味合いを持ちますが、その本質に迫り、仮想通貨が国家の仕組み、金融市場の仕組み、通貨のあり方をどう根本的に変えていくのか、俯瞰させてくれます。

7.『アジアをつなぐ英語ー英語の新しい国際的役割』本名信行著（アルク）

日本人がいかに英語について過剰に意識し、がんじがらめになっているかよくわかります。シンガポールの人はSinglishで、インドの人はInglishで何ら恥じることなく、むしろ堂々と意思疎通しているか、詳しく事例を挙げて説明してくれています。

8.『China 2049』マイケル・ピルズベリー著（日経BP社）

米国の対中政策の中心的立場にいた著者が、中国の長期的戦略に警鐘を鳴らす経緯と、その脅威を詳細に伝えてくれています。

9.『新・戦争論』池上彰・佐藤優著（文藝春秋）

領土、民族、資源紛争や金融危機、イスラム国などのテロ、これらに対してどう生き抜くかのヒントを与えてくれます。

10.『銃・病原菌・鉄』上下２巻 ジャレド・ダイアモンド著（草思社）

人類はどうやって栽培、品種改良を始めることができたのか、なぜ馬は家畜になりシマウマは家畜にならなかったのか、なぜ西欧文明が世界を制覇することができたのかなど、たくさんの謎が解けます。多くの人がチーターを飼い慣らそうとして、なぜ家畜にできなかったのか、その理由に驚きました。長編ですが、飽きずに読めると思います。

11.『神は妄想である』リチャード・ドーキンス著（早川書房）

人がなぜ神を信じるのか、宗教はどうやって生み出されたのか、なぜ宗教だけが特別扱いされるのか。キリスト教、イスラム教などへの知見を深める上でも必要な本だと思います。

12.『この世でいちばん大事な「カネ」の話』西原理恵子著（角川書店）

お金のない地獄を味わった子どもの頃から、お金を稼ぐ方法と自由を知った駆け出し時代など、彼女の独特の世界観と強烈さが心に響きます。

13.『キレる女 懲りない男』黒川伊保子著（筑摩書房）

男女の違いを書いた本はたくさんありますが、この本はその中でも特別わかりやすく、著者の洞察力を感じます。異性とのコミュニケーション、人間関係に悩まれている方には強くお勧めです。

14.『間違いだらけの婚活にサヨナラ！』仁科友里著（主婦と生活社）

洞察力が鋭く、マーケティング的に参考になる本です。文章の表現力も非常に秀逸で、たくさん線を引き、耳を折りました。

15.『アルジャーノンに花束を』ダニエル・キイス著（早川書房）

知能が急激に高まり、急激に落ちてしまうアルジャーノンの話を大学のときに読んで衝撃を受けました。ぜひとも皆さんにも読んでいただけたらと思います。色々なことを考えさせられます。

16.『５番目のサリー』ダニエル・キイス著（早川書房）

同じく、ダニエル・キイスの作品ですが、トラウマから人格が分裂し、五重人格になってしまったサリーの物語です。こんなことがあるのかと思うほどですが、決して想像上の産物ではなく、同じ著者で二五重人格者の話もあるほどです。

17.『坂の上の雲』司馬遼太郎著（文藝春秋）

名著過ぎる名著で、高校、大学時代にこの本に出会えた人は幸せだと思います。私もご多分に漏れず、相当にはまっていました。日本人のルーツでもありますので、できればぜひ読んでいただければと思います。

18.『竜馬がゆく』司馬遼太郎著（文藝春秋）

こちらも同じです。数年前にNHK大河ドラマでも大変な人気を呼びましたが、泣き虫だった竜馬が日本の歴史を動かすまでに成長した点が多くの人の心を揺さぶります。「誰でも絶対に読んでほしい」のカテゴリーですね。

19.『三国志』吉川英治著（講談社、ほか）

中国の歴史から学べることは本当に多いと思います。その中で最も読みやすく、息もつかせず読み続けることのできる長編です。常識としても知っておくべきことが無数にあります。

20.『宮本武蔵』吉川英治著（講談社、ほか）

言わずと知れた宮本武蔵。これも高校、大学で出会った人は幸せだと思います。長編ですが、何度も読み返しました。

おわりに

なぜ、できる人は忙しくても本を読み、仕事や生活に活かすことができるのかについて、様々な角度から取り上げてきました。

できる人ほど自分の時間をコントロールし、目的を十分に考えた読書、「攻めの読書」をすることができています。要は、自分で判断し、時間を割り当て、捻出し、自分に役立つ読書をする、ということだと思います。

暇つぶしの読書、行き当たりばったりの読書、すなわち「受け身の読書」ではありません。

これまで、「本を読むことはいいこと」で「本を読む人は知恵があり、賢い」という考え方が主流だったと思いますが、携帯電話やインターネットの発展とともに読書の時間が奪われ、集中できず、まともに本が読めなくなってしまいました。

読書への考え方を根本的に変え、忙しい人が、携帯電話やインターネットに時間を奪われずにどう本を読み、どうやって活かしていくことができるかについて考え、一緒に行動していくことができればと思います。

小学校のときからの無数の読書が私の心の支えでした。人それぞれ読書との出会いは違うと思いますが、ぜひとも、この本をきっかけに読書に新しい角度から取り組んでみていただければと思います。

あえて、仕事や人生に直接的に役立つ読書を提唱し、むやみに読まないことまでお勧めしましたが、人が文字を発明して以来の人類の宝をぜひとも活かしていただければと思います。

＊　＊　＊

最後までお読みいただき、どうもありがとうございました。

本書を読まれた感想、質問をぜひ私あて（akaba@b-t-partners.com）にお送りください。すぐにお返事させていただきます。

また、読者のコミュニティをFacebookグループ上で作っています「アクションリーディング　行動するための読書」で検索していただければすぐに見つかります。

ぜひご参加ください。

２０１６年５月

赤羽雄二

赤羽雄二（あかば ゆうじ）

東京大学工学部を1978年に卒業後、小松製作所で建設現場用ダンプトラックの設計・開発に携わる。1983年よりスタンフォード大学大学院に留学し、機械工学修士、修士上級課程を修了。1986年、マッキンゼーに入社。経営戦略の立案と実行支援、新組織の設計と導入、マーケティング、新事業立ち上げなど多数のプロジェクトをリード。1990年にはマッキンゼーソウルオフィスをゼロから立ち上げ、120名強に成長させる原動力となるとともに、韓国企業、特にLGグループの世界的な躍進を支えた。2002年、「日本発の世界的ベンチャー」を1社でも多く生み出すことを使命としてブレークスルーパートナーズ株式会社を共同創業。最近は、大企業の経営改革、経営人材育成、新事業創出、オープンイノベーションにも積極的に取り組んでいる。著書に『ゼロ秒思考』『速さは全てを解決する』（ダイヤモンド社）、『マンガでわかる！マッキンゼー式ロジカルシンキング』『マンガでわかる！マッキンゼー式リーダー論』（宝島社）、『もうこれで英語に挫折しない』（祥伝社）などがある。

1日30分でも自分を変える“行動読書”
アクション リーディング

2016年6月1日　初版第1刷発行

著　者	赤羽雄二
発行者	小川　淳
発行所	SBクリエイティブ株式会社 〒106-0032 東京都港区六本木2-4-5 電話 03(5549)1201(営業部)
装丁・本文デザイン	小口翔平＋喜來詩織(tobufune)
DTP	一企画
校正	聚珍社
編集担当	多根由希絵
印刷・製本	中央精版印刷株式会社

落丁本、乱丁本は小社営業部にてお取り替えいたします。
定価は、カバーに記載されております。
本書に関するご質問は、小社学芸書籍編集部まで書面にてお願いいたします。
ISBN978-4-7973-8651-6